*Y*Y*Y*Y*Y*Y*Y*Y*Y*Y*Y*Y*Y*Y*Y*Y*Y*Y*Y*Y*Y*Y*

Liebe Annette

herzlichen Dank an euren
Interesse an meine Arbeit

Wolfgang 5.11.2008

*Y*Y*Y*Y*Y*Y*Y*Y*Y*Y*Y*Y*Y*Y*Y*Y*Y*Y*Y*Y*Y*

Für unsere himmlisch-irdischen Töchter

Nathalie-Chantal
Anna-Giulietta
Gaia

*Y*Y*Y*Y*Y*Y*Y*Y*Y*Y*Y*Y*Y*Y*Y*Y*Y*Y*Y*Y*Y*Y*

Wolfgang Kremling Dorothea J. May

Die fühlende weibliche Matrix
Maria Magdalena spricht

*Y*Y*Y*Y*Y*Y*Y*Y*Y*Y*Y*Y*Y*Y*Y*Y*Y*Y*Y*Y*Y*

Umschlag: Dorothea J. May

www.maybalance.eu
www.nowobalance.de
BoD Verlag, Norderstedt 2008
ISBN 978-3-8370-1957-5

*Y*Y*Y*Y*Y*Y*Y*Y*Y*Y*Y*Y*Y*Y*Y*Y*Y*Y*Y*Y*Y*Y*

Wolfgang Kremling   Dorothea J. May

Die fühlende weibliche Matrix

Maria Magdalena spricht

*Y*Y*Y*Y*Y*Y*Y*Y*Y*Y*Y*Y*Y*Y*Y*Y*Y*Y*Y*Y*Y*

*Y*Y*Y*Y*Y*Y*Y*Y*Y*Y*Y*Y*Y*Y*Y*Y*Y*Y*Y*Y*Y*Y*

*Y*Y*Y*Y*Y*Y*Y*Y*Y*Y*Y*Y*Y*Y*Y*Y*Y*Y*Y*Y*Y*

Inhalt

Am Ende des Gezeters

Seit einigen Jahrzehnten diskutiert man in der Academia die Geschlechterfrage heiß. Judith Butler und Lucy Irigaray, die erste Generation von Denkerinnen der gender-Frage, haben mit der Entkoppelung von sex und gender, von natürlichen und kulturell bzw. sozial definierten Geschlecht die alten Spielregeln außer Kraft gesetzt. Die Weiblichkeit, die sich zunächst gegen die patriarchalen und machohaften Männlichkeitsmuster in Stellung zu bringen versuchte, rang sich durch dicke, schwere Schichten an die Oberfläche. Seither hat sich die Diskussion in immer neuen Mäandern bis zur Transgender- und Queerdebatte aufgetürmt, die in der These gipfelt, dass selbst das natürliche Geschlecht schon eine kulturelle Erfindung sei. Man habe nun das Recht, zu spielen. Die Ära der zementierten Zweiwertigkeit der Geschlechter scheint also vorbei zu sein. Was aus dem Kampfgetümmel allmählich auftaucht, ist die Einsicht, dass die Zweiwertigkeit der Geschlechter nur in Geltung war, solange diese nicht als gleichwertig gesehen werden konnten. Solange das Weibliche sich gefallen lassen musste, ein abgeleitetetes (aus der Rippe Adams fabriziertes) Nachträgliches zu sein, ein Kastriertes (ohne Phallus, statt mit einem Penis mit einem Loch geziert), konnte es nicht äquivalent sein, sondern nur „anders“. In der Wiedergewinnung seiner Bedeutung steigt das Weibliche auf zum Gleichen, logisch betrachtet. Dazu ist notwendig, dass es sich erst einmal mit einem Fanal verkündete. Das symbolische Paar von Mama und Papa verblasst etwas, und hinter ihm treten die neuen Figuren hervor, insbesondere die eine große neue Figur, der bisher der große Auftritt auf der Weltbühne verwehrt gewesen war: die Tochter. Die Aufgabe dieser Tochter besteht darin, das System „von unten“ zu kippen, indem sie ihre Fähigkeit, in alle Rollen und Muster zu schlüpfen, stark macht. In einer luziden Textpassage schrieben dazu die beiden Theoretiker Gilles Deleuze und Félix Guattari:

„Das Mädchen ist das erste Opfer, aber es muss auch als Beispiel oder Köder dienen. Deshalb ist umgekehrt die Rekonstruktion des Körpers als organloser Körper, der Anorganismus des Körpers untrennbar mit einem Frau-Werden oder der Produktion der molekularen Frau verbunden. Sicher wird das junge Mädchen zur Frau…Aber umgekehrt sind das Frau-Werden oder die molekulare Frau das junge Mädchen selber…Es wandert unaufhörlich auf einem organlosen Körper herum. Es ist eine abstrakte Linie oder Fluchtlinie. …sie gleiten vielmehr zwischen die Ordnungen, Handlungen, Altersgruppen und Geschlechter; sie produzieren molekulare Geschlechter auf der Fluchtlinie im Verhältnis zu den dualen Maschinen, die sie vollständig durchlaufen.“[1]

Die „Produktion der molekularen Frau“ wird von der Tochter, vom Mädchen in Gang gebracht, weshalb in

---

[1] Gilles Deleuze und Félix Guattari: Tausend Plateaux (1980), Berlin 1997, S.376f

dem Text, den Maria Magdalena uns über Wolfgang Kremling „hereingefunkt“ hat, davon die Rede sein wird, dass sie das System dekodiert, um es neu zu programmieren. Die Körper, von denen sie spricht, sind vielfältig, informiert, flüssig, wissend. Maria Magdalena lehrt uns, dass die Körper, insofern sie ein Geschlecht haben oder sind, in einem Spannungsfeld stehen, das energetisch bestimmt ist. Es geht um Fluß, Beziehung, Ergänzung, Programmierung. Das Feld, in dem diese Körper stehen, ist mehrdimensional, und es unterliegt einer Bewegung, einer Entwicklung. Der Gang der Geschlechterdebatte bildet daher nur ab, was an Offenheit und Umschreibung in Hinblick auf die Geschlechter in der Zeit erkennbar wurde. Über die Differenzierung der Geschlechter wurde und wird ein energetisches Programm „eingeschleust“, dessen Parameter den menschlichen Horizont überschreiten und sich in das irdische bzw. kosmische Spiel einhaken.

In Maria Magdalena ist die freie Energie der Tochter verkörpert. Maria Magdalenas Rede bringt uns diese Möglichkeit, an dieser Energie teil zu haben, präzise in Erinnerung. Sie erklärt, welchen Anteil sie an der kollektiven und individuellen Leistung von Menschen hat und hatte (sie ließ beispielsweise Caruso den Schmelz und das Faszinosum singen). Sie ließ auch die Frauen laut und hörbar werden. Sie ließ sie wild sein und zetern, damit sich das Weibliche stärker und deutlicher bemerkbar mache. Sie bezeichnet sich als die Bewegung, die das Erstarrte löst, das Schlängeln, das das Versteinerte zum Fließen bringt. Sie ist die Technologin der drahtlosen Übertragung von Energie. In den Beschreibungen ihrer Mission erhellt sie uns die dunkleren Seiten der weiblichen Geschichte und gibt auch ihnen einen Sinn. Ihre Botschaft ist phantastisch. Die neue Zeit ist die, in der sie ihren Beistand gibt am

Ende des Gezeters. Dann ist die Äquivalenz erreicht, die die Differenz, die durch die „Erniedrigung“ des Weiblichen durch das Männliche begründet war, aufhebt. In dieser neuen Zeit weht der liebliche Wind der Tochter durch die Moleküle.
Ein Dank an Dorothea J.May für die extravagante Idee, sich – aus Gründen der Perfektionierung der Plus-Minus-Konstellation – des Mediums Wolfgang Kremling zu bedienen, um ihre wohlüberlegten Fragen an Maria Magdalena zu richten. Und dafür, daß sie uns die Durchsage, die da hereinkam, als einzigartiges Dokument für uns getreulich abgetippt hat.

Prof. Dr. Elisabeth von Samsonow
Wien, Januar 2008

Die fühlende weibliche Matrix

In der Reihe „Die weibliche Matrix“ ist die fühlende Maria Magdalena die Weiterführung von „Maria spricht“[2]. In unbeschreiblich schöner Atmosphäre konnte ich als Co-Autor die weibliche Gefühlsenergie der Maria Magdalena *erfühlen.*

Die erfassten Gefühle sind in Worte gewandelt. Wie Puzzleteile sind es Informationen aus geistigen Feldern, einem Gesamtpuzzle, die das momentane Zeitgeschehen beschreiben.

Richtungsweisend? Vielleicht. Stärkend? Ja. Die Stärkung des Geistes für die Seele und den Körper. Mutmachend, ohne zu polarisieren.
Erfühlen ? Ich, als männliches Medium, kann ich dies Gefühl weiblichen Inhalts wahrnehmen? Bin ich fähig, den weiblichen Aspekt in mir offen zu legen? Mich des übermittelten Gefühls hinzugeben? Ist dies der Geist momentanen Zeitgeschehens?

Glauben Sie mir, das Magdalena-Projekt hat mich anfangs etwas beunruhigt. Wage ich mich als Mann an etwas heran, was als Domäne der Frau gilt? Gefühl. Fühlen...ohne Worte wissen wie etwas ist, eben *erfühlen?* Dies Buch entwickelte sich wie ein Kind. Bin ich plötzlich Mutter? Oder suche ich die Mutter? Oh je, ich

---

[2] Die weibliche Matrix; Maria spricht, Wolfgang Kremling u. Dorothea J. May
BoD, Norderstedt 2008; ISBN 978-3-8370-1466-2

ahne schon was sie denken. Ich ein „Muttersucher"? Habe ich es versäumt, die Nabelschnur zur Mutter zu kappen?
Um mich zu retten sage ich einfach einmal: „ich habe die Nabelschnur gekappt." Doch Hand aufs Herz, kann das sein? Kann ich als Mann oder Frau die Nabelschnur zu dem kappen, was mich zur Erde brachte? Der irdische Vater, die irdische Mutter? Haben mich kosmische Eltern zur Erde geführt? Habe ich gar vier Elternteile, gleich den vier Himmelsrichtungen?
Wenn ich die Nabelschnur als Energieverbindung kappe, wer oder was bringt mich zurück in den Geist? Maria Magdalena lässt Sie dies kosmische Gesamtpuzzle erfühlen und führt aus der irdischen Betrachtung in kosmische „Denkweisen". Vater unser, Mutter Gottes.

Mein Leben hat sich durch Empfang dieser fühlenden Energie spürbar verändert. Zuerst dachte ich, ich denke anders. Beim Schreiben dieses Vorwortes jedoch bemerke ich, dass ich die Dinge verändert betrachte. Dies verändert mein Denken.

Der über Maria Magdalena in mir ausgelöste Prozess des Fühlens könnte ich am besten als in der Auswirkung veränderten Denkens wiedergeben. Ich betrachte die Dinge aus höherer Warte, dies verändert mein Denken. Dies tiefschwingende, männliche, Denken fließt über in ein höher schwingendes geistiges Denken. Denkendes fühlen. Ich meine es nicht anzüglich, doch nun verstehe ich, weshalb das Gehirn des Mannes im Allgemeinen nach „unten" gesetzt ist. Es handelt sich um die in tieferer Schwingung liegende Frequenz des männlichen Aspektes. Der im Mann mehr verkörperte männliche Aspekt gleicht in der irdischen Betrachtung einer Bassgeige. Der mehr in der Frau verkörperte weibliche Aspekt schwingt in der Frequenz höher, er gleicht einer

Violine. Himmel und Erde, Licht und Schatten, Yin und Yang.

Diese vielen Fragen, entstehen durch die in mir fühlbaren Antwort. Diese sinnigen und unsinnigen Fragen muss mir niemand mehr beantworten, die Antwort ist in mir.
Bin ich die Antwort selbst?

Ein Nachteil für den Mann, ein Vorteil für die Frau?
Nein. Ist doch jeder Mann und jede Frau aus Gleichem geschaffen, Mutter und Vater.

Gerne möchte ich Ihnen den Weg zu verändertem Denken durch höhere Betrachtungsweise wiedergeben: Maria Magdalena spiegelt über das kosmische System die kosmische Familie fühlbar in mein Verständnis. Diese kosmische Familie verankert immer mehr in meiner irdischen Wirklichkeit[3]. Als bildhaftes Beispiel öffnet sich mir die kosmische Familie als göttliche Familie allen Seins. (Geistbetrachtung) Gottvater, Gottmutter und göttliches Kind und (Erdbetrachtung) Vater, Mutter, Kind[4]. Gott als All-es ist für mein duales, irdisches Erdempfinden Vater und Mutter zugleich, ich bin dies Kind. Das Kind Gottes.

Als Kind, Gottes Kind, bin ich mittlerweile auf Erden um durch die Erfahrungen dem Erdsystem zu entwachsen?

Ich bejahe das Erdsystem als Lebenssystem, gehe aus dem Hadern wegen meines „Schicksals“ heraus. Bewusst verankere ich mich im Erdsystem, hier: mit der

---

[3] Die weibliche Matrix; Maria spricht, Wolfgang Kremling u. Dorothea J. May, BoD, Norderstedt 2008
„ Vater unser, Mutter unser “, Seite
[4] Die göttliche Lichtstruktur; Wolfgang Kremling, Aramis Verlag 2006

Erdfamilie. Vater und Mutter. Ich erkenne meinen weiblichen Anteil über die Herzseite links an, den männlichen Anteil über die rechte Körperseite. Beides führe ich in meiner Schaltzentrale, dem Gehirn, zusammen.

Vater und Mutter, die Erdeltern, was sind sie, wenn ich das Kind Gottes bin? Vater unser. Mutter Gottes.

Im Gehirn hebe ich mental die Trennung zwischen der linken und rechten Gehirnhälfte auf, ich öffne die Trennung wie einen Reißverschluss. Die Vereinigung der Gedanken, männlich und weiblich, geben den Weg frei für geistige Betrachtungsweisen. Die Geburt des Geistes in meinem Gehirn, analog der Geburt eines Kindes durch körperliche Vereinigung.

Dies geistige Eins-Sein mit all meinen Anteilen männlicher und weiblicher Art lassen mich die weibliche, als fühlende, Matrix hören.

Maria Magdalena, ein Buch zum lesen, zum fühlen. Ein Buch, das Fragen für ein Leben ohne Fragen aufwirft. Ein Buch für ein Leben in der Antwort.

Herzlichst

Ihr
Wolfgang Kremling
Stuttgart, Januar 2008

Einleitung

Manche Themen, Erfindungen und Entwicklungen liegen in der Luft. Zeitfenster öffnen sich, die den Blick auf vorher nicht Wahrgenommenes freigeben. So kommt es, dass Menschen in vielen Ländern der Erde zeitgleich bestimmte Themen aufgreifen.
Ein solches Thema drängte sich kurz nach dieser Jahrtausendwende ins Massenbewusstsein: Maria Magdalena.

Der Bestseller „Das Sakrileg"(englischer Titel „Da Vinci Code") erschien 2004 im deutschsprachigen Raum, der dazugehörige Film, wurde 2006 zum Kassenknüller. Autor Dan Brown hatte durchschlagenden Erfolg. Bereits 2002, also zwei Jahre vorher, war das Buch „Das Manuskript der Magdalena"[5] von Judi Sion und Tom Kenyon im deutschsprachigen Raum erschienen. Tom Kenyon, Psychotherapeut, international bekannter Seminarleiter, spiritueller Lehrer, Musiker und Meister der Klänge (soundhealer) hatte sich auf Drängen seiner Frau Judi Sion mit Maria Magdalena und der weiß-goldenen Alchemie befasst. Das Thema Maria Magdalena war also bereits vor dem „Sakrileg" von einer hohen geistigen und spirituellen Ebene geerdet worden, um das Massenbewusstsein vorzubereiten. In dem Buch „ Das Manuskript der Maria Magdalena" gibt Maria Magdalena ihr Leben und ihre Lehre weiter. Der Meister der Töne und Schwingungen, Tom Kenyon, nahm ihre Frequenzen auf und seine Frau schrieb Maria Magdalenas Worte des Wissens, der Weisheit und Liebe nieder.

Für mich wurde „ Das Manuskript der Maria Magdalena" zu einem der wichtigsten Bücher der letzten Jahre. Es

[5] Das Manuskript der Magdalena, von Judi Sion und Tom Kenyon, KOHA Verlag 2002

öffnete mir neue Dimensionen der Wahrnehmung und veränderte meine Seminare, meine Arbeit mit Menschen, meine Kunst und meine Beziehungen.
Das Schwingungsmuster, Maria Magdalena, das sich in Worten, Gefühlen, als Information in unseren Zellen ausbreitet, fasziniert mich seither. Mutter Maria spricht in dem Buch „Die weibliche Matrix“[6] immer wieder von der Gleichwertigkeit der männlichen und weiblichen Energien und der immensen Wichtigkeit für die Zeitenwende in der wir uns befinden.

An einem herrlichen Sommertag in Ambach, am Starnberger See bat ich Wolfgang Kremling ob er feinfühlend seine Antennen in das Frequenzfeld „Maria Magdalena“ ausrichten könne, da ich gerne ein Interview mit dieser Schwingung machen würde.
Er als Mann stellte sich als Empfangender für diese weiblichen Energien einer Maria Magdalena zur Verfügung.

Und Maria Magdalena antwortete.

Dieses sogenannte „channeln“ möchte ich gerne für diejenigen Leser/innen, die es noch nie erlebt haben, etwas entzaubern und von magischem Gedöns befreien. Das geübte Medium, also der Mittler/in verwandelt sich auf seinem Stuhl nicht in die Frauengestalt Maria Magdalena, spricht auch nicht mit weiblicher Stimme, sondern übersetzt die Wahrnehmungen, die er empfängt in seinen Worten in eine uns verständliche Sprache.
Er liest sozusagen im „Feld“. Ich, als Fragende, kann gleichzeitig deutlich die Änderung der Frequenzfelder im Raum wahrnehmen.

---

[6] „ Die weibliche Matrix, Maria spricht “, Wolfgang Kremling, Dorothea J. May, BOD Verlag; 2007

Der vorliegende Text beinhaltet die Worte Maria Magdalenas, ausgesprochen von Wolfgang Kremling.

Nachträglich wurden von mir, der Herausgeberin und Interviewerin, Fußnoten zum Text eingefügt, um dem Leser die Möglichkeit zu geben einzelne Punkte thematisch zu vertiefen und auf andere Texte zu verweisen.

Dorothea J. May, Weinviertel , im Januar 2008

*Y*Y*Y*Y*Y*Y*Y*Y*Y*Y*Y*Y*Y*Y*Y*Y*Y*Y*Y*Y*Y*Y*

*Y*Y*Y*Y*Y*Y*Y*Y*Y*Y*Y*Y*Y*Y*Y*Y*Y*Y*Y*Y*

Maria Magdalena

Maria Magdalena spricht.

Meine Kraft beugt sich vor der Gottmutter, um mit ihrer Kraft dem irdischen Wirrwarr zu begegnen. Mein Erscheinen auf der Erde war nur symbolisch. Es war ein karmisches Instrument göttlichen Seins, mit dem ich den Anfang machte. Ich habe den Wandel der Gezeiten mit eingeläutet.

Hast du dir als Frau schon einmal überlegt, deine Haare offen zu tragen, so wie sie gewachsen sind? Es bedeutet nämlich: offen zu sein. So, wie du gewachsen bist, und für die Entwicklungsstufe, auf der du gerade bist, offen zu sein. In den irdischen Inkarnationen hatte das Binden deiner Haare damit zu tun, dass du oft gebunden warst. Du bindest dich auf der Erde mit dem Ring, dem Ehering. Du driftest in eine Verbundenheit ab, die dich veranlasst, nicht offen zu sein.

Die Verbindung zwischen mir, Maria Magdalena, und Jesus war so offen, dass es erstrebenswert erscheint, dir davon zu berichten.
Jesus hatte die Kraft und Fähigkeit, das Männliche und das Weibliche auf die gleiche Stufe zu stellen. Er konnte den Segensreichtum seines Herrn und der kosmischen Familie, aus der er stammte, unparteiisch zwischen Mann und Frau, arm und reich weiter geben. So wurde mir, im dogmatischen Denken der damaligen Zeit, eine Rolle auferlegt. Doch es war seine Rolle, dieses Dogma aufzulösen.

Damals war der Beginn eurer Zeit.

Die Energie einer Maria, die Energie der Gottmutter, unterscheidet sich von meiner Kraft erheblich. Ich war verkörpert. Eine Maria erscheint dir. Sie kann dir erscheinen. Sie ist die Erscheinung, scheinendes Licht, ein Lichtschein. Ich selbst beseelte einen Körper. Ich war vorbereitet, und Jesus kam nicht überraschend in mein Leben. Daher habe ich auch nie gekämpft. Meine Energie zählt zu der Energie des Weckens. Meine Kraft ist auf dem Erdball vielfältig vertreten. Sie war mitunter laut. Sie ist die Kraft, die du mit Feminismus bezeichnest, den ich tatsächlich in mancher Inkarnation kräftig unterstützte, damit das Weibliche, der weibliche Aspekt, erwacht.

Zum Beispiel war ich an der Berühmtheit einiger Künstler beteiligt, z.B. als Caruso stimmlaut wurde. Sängern ist die Gnade des Weiblichen gegeben. Manchen Männern gab und gebe ich die Gnade des Philosophierens oder des Künstlerischen. Im Wandel der Geschlechter habe ich oft nicht nur männliche, sondern auch weibliche Körper mit beseelt. Sie sind dann tatsächlich aufgestanden, um auf die Barrikaden zu gehen. Doch Krieg hat es deswegen nie gegeben. Bin ich doch keine Jeanne d´ Arc.

Ich bin keine Feministin. Doch eine Art Initiatorin für das Erwachen des weiblichen Aspekts. Der männliche Aspekt ist mit Krieg erwacht, der weibliche Aspekt erwacht mit Gezeter.
Allmählich wurde der weibliche Aspekt lauter. Der weibliche Aspekt kann, nachdem er laut wurde, auch mental gelebt werden. Du bist auf diesem Weg. Das ist der Weg der Vollstreckung. Das bedeutet, die Weiblichkeit wird gelebt. Der Weg der Vollstreckung ist in kosmischer Bedeutung sich „ voll - strecken“, sich

lang ziehen, damit es sich erfüllt, damit in der Gewichtung der weibliche neben dem männlichen Aspekt gleichwertig und gleich ist.

Aufgabe der Maria Magdalena

Die Energie der Maria Magdalena leitet sich aus dem göttlichen Selbst her. Aus diesem kommt das irdische Selbst und spaltet sich dann in die männliche Kraft, Jesus, und in die weibliche Kraft, Maria Magdalena, auf.

Der Mann hat das rechte Bein, als Standbein. Mit diesem gelangte er zur Erde, mit dem linken Bein geht er in die Bewegung. Gott ist in sich am beweglichsten. Wenn jedoch das Göttliche aus sich heraus geht und Materie geformt wird, vollzieht sich dies in dem Schwere bzw. Ballast in einer Abspaltung oder Zellteilung entsteht. Dann wird aus dem Göttlichen die Schwere. Zunächst wird das Männliche geschaffen und dann das Weibliche, um beweglich zu werden. Dies ist das andere Bein. Und aus diesem linken, beweglichen Bein kreiert sich die Kraft einer Maria Magdalena, einer Magd, einer Dienerin oder Dienstbarkeit.
Magdalena ist eine Dienstbarkeit. Sie war dienstbar und dient immer noch. Diese weibliche Energie, als Magd, das Dienliche, **dient der Bewegung**.

Nach biblischer Überlieferung war Adam das Urprinzip der Steifheit - der Nicht-Bewegung. Das Männliche ist die Festigkeit der Nicht-Bewegung, das Weibliche ist die Bewegung. Das heißt: rechtes Bein, Baumstumpf, Standbein, und das linke Bein, Herzseite, dient der Bewegung. **So dient Magdalena der Bewegung.**

Durch sie wurde Jesus die Kraft zum Aufstieg gegeben. Wenn sie beide nicht zusammen gewesen wären, hätte

Jesus keine Kraft gehabt aufzusteigen, bzw. hätte er nicht gen Himmel fahren können. Er wäre, in seiner Männlichkeit selbst, in seiner Festigkeit verhaftet gewesen. Daher wurde ihm durch das weibliche Element die Bewegungskraft gegeben. Da zeigt sich, dass man, wenn man vom Göttlichen, vom Geist, über die Beseelung in die Körper geht, dass dies die Energie von oben nach unten ist – also vom Leichten hinunter ins Schwere. Wenn diese Kraft unten auf der Erde ist und die weibliche Kraft einfließt kann man praktisch den Bogen oder Kreis machen. Daher ist die männliche Kraft die Pfeil-Kraft und die weibliche die Kreis-Kraft. Beides ergibt in der Mischung und der Bewegung die Kreiskraft der Unendlichkeit.
So ist meine Kraft, die Magdalena Kraft eine dienliche Kraft.
Sie dient nicht in der Unterwürfigkeit, sondern der Bewegung und geht aus dem Unteren wieder hinein ins Obere.
Kosmische Ursache, irdische Auswirkung:

So war das Weibliche lange Jahre, Jahrmillionen in der Unterwürfigkeit, also hinter das Männliche gestellt. Jetzt wird das Weibliche schneller und überholt das Männliche, um es an der Nase in Richtung des Göttlichen zu ziehen. Daher diente ich, Maria Magdalena, der Kraft des Jesu und führte ihn der Himmelfahrt zu. *„ ich habe ihn geleitet und an der Nase zurück geführt* “ An der Nase zurück geführt heißt: so konnte er in den äußersten Empfindungsspitzen seines Selbst in die Energiezonen seines Geistes zurückgehen. Durch meine Maria Magdalena Kraft, meine dienende, weibliche Kraft, wurde ihm die Himmelfahrt, das bedeutet die Dematerialisierung ermöglicht. Meine Kraft bewirkte in ihm das Materialisieren und das Dematerialisieren.

Die dienende Kraft der Maria Magdalena ist eine Bewegungskraft

Stärkung des weiblichen Prinzips

Wenn die Leichtigkeit gestärkt ist und neben der Männlichkeit im Ausgleich ist, also sich Plus und Minus die Hand geben, ist ein Ausgleich da. Alles kommt in den Fluss, um im Aufstieg zu sein. Wenn du das Weibliche als linksdrehend siehst und das Männliche als rechtsdrehend, hast du die Oktaeder der Gegenläufigkeit, das Merkaba Prinzip[7], das die Energie des Aufstiegs erzeugt. Das bedeutet, du beginnst zu schweben. Je schneller die Lichtfelder sind, desto weiter kannst du in die Empfindungsspitzen deines Seins fließen. Wenn du am Rande höchster Empfindung, das heißt, wenn du in die Zonen des geistigen Körpers gelangst, bis an diese Grenze, an der der Körper in den Geist mündet, an diesen Verschmelzungspunkt, an dem dann die Verschmelzung stattfinden kann. Genau hier findet dann die Dematerialisierung statt. Dies ist auch der Punkt, an dem der Geist in den Körper fließt.

Wenn du mental in die Lage gelangst, diesen Punkt zu erreichen wird es dir mental möglich sein, vom Körper über den Geistkörper in den Geist zu fassen, so wie der Geist über diesen Weg in den Körper greift. [8]

Demut und Mut

---

[7] MERKABA = rotierende Tetraeder „Blume des Lebens“ Drunvalo Melchizedek, KOHA Verlag 1999
MER = Licht, KA = Geist, BA=Wirklichkeit, gegenläufiges, rotierendes Lichtfeld, Energiefelder, die sich um den Körper drehen, Fahrzeug das einen von einer Welt in die andere befördern kann

[8] Philippinische Wunderheiler

Meine Aufgabe ist es das dienliche in der weiblichen Kraft zu zeigen. Meine Aufgabe ist es, den Menschen in die Erkenntnis zu versetzen, dass das Weibliche keine Dienerin ist, die sich zu verbeugen hat, sondern dass das Verbeugen die göttliche Fähigkeit der Bewegung ist. Eine Art neuzeitliche Definition der Demut.

Sieh es in der Feinheit der Worte. Ich bin auf der Erde, als energetisches Kraftvolumen, neuen Gedankenrichtungen dienlich. Das kann z.B. in der Forschung sein, indem ich inspiriere, zu neuen Ideen und Gedanken verhelfe, damit ihr die Dinge in einem anderen Blickwinkel betrachten könnt.
In der alten, männlichen Zeit wart ihr demütig, um unterwürfig zu sein.

In der neuen Zeit bedeutet Demut zu erkennen, dass Materie lediglich in der Frequenz unter dem Lichtem steht. In ihrem Wert ist Materie dem Göttlichen gleichgestellt, indem das Göttliche die Materie als es selbst erkennt.

Demut ist ohne DE der MUT. Ihr habt zum Christen das Wort des Antichristen gewählt. Eine fürchterliche Beschimpfung des kosmischen Systems. Einen Antichrist gibt es nicht.

Da solltet ihr erwachen und erkennen: Demut gibt es nicht.
Wenn alles gleich ist, beugt sich das eine nicht vor dem anderen.

Demut gibt es nicht. Ihr seid auf dem Weg in den Schritten der Transformation, also wird sich aus der

Demut der Mut formen. Oder erkenne die Demut als den gespiegelten Mut, die Vorspiegelung falscher Tatsachen.

Irgendjemand führt euch Frauen hinters Licht. Die Demut beginnt. Ich lache darüber. Doch so fern ist diese Wahrheit nicht. Demut ist die Verspiegelung des Mutes. Drehe den Spiegel in die richtige Position und spiegle Licht. Demut gibt es nicht.

Ich bin auf der Erde als energetisches Kraftvolumen, um damit langsam die Gehirnwindungen zu befruchten, damit der Mensch, als Person, den Wert seines Selbst erkennt. Durch Sensibilität erreiche ich den Menschen in der Form, dass der Mensch über sich nachdenkt, damit er den Wert seines Selbst erkennt. Damit er sieht, dass er als Kind den gleichen Wert wie der Erwachsene hat, so wie als Mann den gleichen Wert wie die Frau. Wenn der Mensch dies erkannt hat, kann er erkennen, dass sein Volk den gleichen Wert wie jedes andere Volk dieser Welt hat.

Das mag politisch verwirrend sein, doch hierzu wurden den Menschen nationale Gedanken gegeben, daher gibt es mitunter Kriege. Dies ist eine kosmische Betrachtung.

Daher ist die Frage, wozu bin ich auf der Erde, nicht für ein Leben beantwortet, sondern für viele Leben. Durch mich füllen sich die Verständnisspeicher der Menschen, um so das globale System bis hin zum kosmischen System zu erkennen.

Ich bin die weibliche Gottkraft, die auf Erden agiert und bis in die äußersten Spitzen deines Handelns einfließt.

Wozu dir dann meine Mutter dient?

Durch das Leben der kosmischen Familie vermagst du Maria als Mutter zu sehen. Nimm mich, bildlich, als große Schwester deines Selbst. Ich bin in der kosmischen Familie bildlich die Tochter von Maria, dir jedoch eine Schwester. Ich begleite all dein Handeln. So wie ich einst die Entwicklungen Jesus mit verfolgte, um ihm zu befruchten, d.h. um in ihn die Kraft der Veränderung, eine bewegliche Kraft, einfließen zu lassen. Um ihm Weiblichkeit zu geben und ihm zum Glück der Liebe zu verhelfen. Und dies hat er losgelassen. Da er das Glück der Liebe loslassen konnte, folgte dem Glück das Unglück, so konnte er aus der Dualität gehen und so konnte er aufsteigen. Er konnte sich in die Lage versetzen, das Irdische loszulassen. Er konnte durch meine Hilfe das irdische Glück loslassen und so folgte dem irdischen Glück das irdische Unglück. Er konnte sich von mir, dem irdischen Glück lösen. So konnte er sich von seinen Schmerzen lösen, von irdischem Unglück. So konnte er gen Himmel fahren, die Himmelfahrt ward ihm so beschert.

Wenn ich den Menschen helfe ist es, dass der Mensch jetzt durch Durchschreiten der Zeitenwende in die Lage versetzt wird sich auch – weibliche Beweglichkeit – sich auch von den guten Seiten des Lebens zu lösen. Mitunter ist dir kein Heil beschert, da du unbewusst daran festhältst. Hältst du dich am Glück, wird dich das Unglück auch nicht loslassen.
Doch lässt du irdisches Glück los, folgt diesem das irdische Unglück.

In einem anderen Beispiel: Wenn du in 105 Jahren bereit bist, dein Haus loszulassen, und mit 105 Jahren deine Enkelkinder loszulassen, folgt diesem irdischen Glück das Unglück. Das bedeutet, das Los der schweren Krankheit streift dich nicht. So ist es wichtiger, irdisch betrachtet, sich nicht von der Schwere zu lösen, sondern von der Leichtigkeit. Das heißt, ich als Maria Magdalena , um zur Frage zurück zu gelangen, bin im weitesten Verständnis die Kraft der neuen Zeit, nicht Maria, das ist die alte Zeit der Eltern, sondern die Tochter, die sich in der gedanklichen Beweglichkeit der Menschen verankert, um Programme umzustellen. Ich decodiere, um neu zu programmieren

Beziehung zu Jesus

Unsere Beziehung war in der Liebe. Plus und Minus. Es gab diese Beziehung, um den Kern der Liebe auf der Erde lebbar zu machen. Ohne dich zu verwirren: es war eine Aufgabe. Daher hatte Jesus die Macht, den Körper zu verlassen, und die Liebe zwischen Mann und Frau, die in der Ferne produziert worden war, auf der Erde zu reproduzieren.

Das Göttliche schuf in ihm, Jesu Christ, die Gleichheit zwischen Mann und Frau. Das ermöglichte ihm auch den Ausstieg aus dem Körper.
Jesu Christ konnte die Zeit der Erde umgehen. Und im Zustand des größten Leids, konnte er sich dem Schmerz so widersetzen, dass seine Seele nicht im Körper war. Das pure Fleisch war im Schmerz, welches jedoch in der Beendigung der Inkarnation zum lichten Selbst gewandelt wurde. So war es ihm mehrfach möglich, im gleichen Körperkleid zu erscheinen [9]
Dann gab es auch die Wunden in seinen Händen nicht. Es gab sie jedoch häufig im gespiegelten Sein. Die Wunden waren quasi geheilt, da der Körper in eine andere Energiedichte transformiert wurde, so dass es keine

[9] KA Körper, Ägyptische Alchemie, „Blume des Lebens“ Drunvalo Melchizedek, KOHA Verlag, Burgrain;1999

Wunden mehr gab. Das heißt, es gab hier eine Vielzahl von Bildern, um es euch zu beschreiben.

Wichtig ist die Ausgeglichenheit von Mann und Frau, und dass hierzu eine Liebe lebbar war, die Liebe wurde gelebt. Ich war an seiner Seite, um den weiblichen Aspekt zu stärken. So ermöglichte ich Jesus die mehrmalige, mehrfache Korrespondenz – die ständigen Wechsel zwischen Himmel und Erde. So waren sie möglich.[10]

Das zwischen Jesus und mir war die Projektion der Liebe, ein kosmischer Baustein, der auf Erden implantiert wurde. Die so genannte „Jesus Kraft" war ein Gebilde des größtmögli-
chen Ausgleiches des weiblichen und des männlichen Aspekts. Ich war die Kraftspenderin. Kraftspenderin, wie in dem männlichen Aspekt die Samenspende verankert ist. Ich war das Pendant, das Gegenstück zum göttlichen Glück. Jesu Christ hat das Göttliche in sich getragen, so dass er die Erde verlassen konnte, und wieder zurückkommen konnte und auferstehen. Und ich war das irdische Gegenstück. In mir, Mann und Frau vereint, stärkte ich ihm, Jesu, die weibliche Energie, wie eine Samenspende. Das ist genau der Weg, der euch damals vorgelebt worden ist.

Das ist der Weg.

Je weiter ihr auf diesem Weg seid, desto heilvoller ist das Glück, die Beziehung. Erkenntnis ist es. Sobald du dies

---

[10] Im „Maria Magdalena Manuskript", KOHA Verlag, Burgrain, 2002, Judi Sion Tom Kenyon, sagst du der Aufstieg war durch Sexualmagie und Aufladen des KA Körpers möglich? Antwort Maria Magdalena: „Ja. Gleiches Ereignis andere Worte."

erkennst, wirst du in einer heilvollen, doch nicht in der vollendeten heilen Beziehung sein.

Jesus und Maria Magdalena im Kosmischen

Im kosmischen Sein bin ich mit der Jesus Energie EINS. Da ist der Ursprung, da ist die Einheit. Nur jetzt, außerhalb bin ich, bildlich, mit ihm Hand in Hand, wir haben einen Ursprung. Da wir aus dem Göttlichen sind, tragen wir dieses göttlich Männliche, wie göttlich Weibliche, da wir außerhalb, also in der Zone der Beseelung sind. Wir sind schwach beseelt. Durch die Energie der Seele aus dem Göttlichen heraus ist diese Seelenenergie wie Kleber, der das Männliche und das Weibliche hält. Da beide aus dem Göttlichen sind, trage ich, Maria Magdalena die Jesuskraft in mir, weil dies das Männliche aus dem Göttlichen ist. Dies ist eine feine Erklärung.

Aus der irdischen Perspektive sind wir Plus und Minus. Im Göttlichen bin ich Plus und Minus zusammen. Außerhalb des Göttlichen spaltet sich das Göttliche in Zwei. In Zwei oder in Minus und Plus. Von oben herunter trage ich, Maria Magdalena, Jesus in mir. Aus irdischer Betrachtung sind wir getrennt. Die grobe Betrachtung ist die, die die Feinheit nicht sieht. Duales Verstehen. Das bedeutet, du verstehst es im dualen Feld, ein lineares Verständnis. Kosmisch sind wir alles zusammen. Kosmisch bin ich in ihm und er in mir. Gleichzeitig jetzt. Sehe es aus zwei Blickwinkeln. Betrachte den Berg von unten und von oben. Du wirst Kosmisches nicht definieren können.

Heilige Beziehung

Eine heilige Beziehung ist das intakte Geschehen, des weiblichen mit dem männlichen Aspekt in Gott selbst.

Nur in diesem Geschehen ist Heil. Dies ist eine heilige Beziehung, eine Heil Beziehung, heil im ureigensten Kern in dir. Eine heilige Beziehung ist die Beziehung der beiden Kräfte in dir, im Kern selbst.

„Heile" Beziehung

Eine heile Beziehung in der heutigen Zeit, das ist eine Frage, wie sie nur du stellen kannst. Aushalten musst du dies, aushalten. Aushalten heißt: aus allem heraus halten. Du musst zu dir finden. Du musst dich selbst leben. Lebe dich selbst, das ist genau die Schwierigkeit. Da du heute wohl eine heile Beziehung leben kannst, doch die Masse noch nicht. Alle sind auf dem Weg. So ist die heile Beziehung, die du meinst, die Beziehung des göttlichen Kerns zu sich selbst. Eine heile Beziehung im Sinne der göttlichen Einheit kann man auf der Erde nicht leben. Immer sind Kompromisse nötig. Das heißt nicht, dass man im Streit sein muss, aber in der bestmöglichen Akzeptanz. Je mehr das Über- und Unter Ordnungsverhältnis austariert ist, desto heilvoller ist die Beziehung.

Alchemistische Sexualmagie Hilfe zum Aufstieg

Damals war es der Weg. Doch ist es für den heutigen Menschen mehr eine Frage des Bewusstseins, als der puren Sexualität. Jedoch ist diese pure Sexualität, die Fleischeslust, eine der Stufen dorthin. Es kann dem Menschen vergönnt sein, sich seiner puren Fleischeslust zu widmen. Jedoch suchen die Menschen hier noch vergeblich nach einem Aufstieg. Doch es wird von Leben zu Leben mehr. Auch die Pilgerreisen, seien sie nach Lourdes, oder ein Jakobsweg, sind Schritte in diese Richtung. Auch dies hat mit Lust zu tun. In letzter Vollendung wird so eine geistige Reise möglich sein. So ist der Weg dorthin. Alles ist in der Gleichzeitigkeit. Das liegt außerhalb eurer Messungen.

(Ihm, dem Medium Wolfgang Kremling, war es doch schon einmal gegeben gewesen. Eine Gabe, die dann kümmerlich versagte, die im Kummer seines Lebens dann versagte und durch Lebensereignisse überschattet wurde. Nun befähigt sie ihn jedoch in einer weiteren Stufe in den Geist zu wandern und dort zu wandeln.)

Sünderin

Von der Kirche wurde behauptet, du seiest eine Sünderin gewesen, andere behaupten du müsstest aus reichem Hause in Magdala abgestammt sein?

Das Zusammensein mit Jesus war „ in der Sünde“ da es nicht durch einen quasi Ehebund damaliger Zeit besiegelt war. In der Kirchenlehre von heute passt es nicht ins Konzept. Damals passte es ins Konzept. Da er jedoch ein Geächteter war, wurde sein Umfeld auch geächtet und mit Schimpf und Schande überladen.
Wir durften jedoch als Mann und Frau in damaliger Zeit zusammen sein. Ich war in seiner Gefolgschaft, und deswegen wurde ich als Prostituierte und Hure abgetan. Es waren seine Jünger und ich, eine Frau, die ihm folgten. Da war ich aus dem Blickwinkel der Menschen eine Hure, und zwar aus den Augen der Frauen der Männer. Das bedeutet Jesus hat gegen die allgemeinen Sitten verstoßen: der läuft mit einer Frau und vielen Männern herum, das ist eine Hure…
Ich war ihm treu.
Ich hatte mit ihm meine Aufgabe.
Aber da andere dabei waren, war ich abgestempelt.

In der Bibel heißt es Jesus musste dir erst 7 Dämonen austreiben? Was bedeutet das?

Um in die Aufgabenerfüllung zu gelangen, war eine Anhebung des Lichtkleides notwendig. Wir mussten uns akklimatisieren, wir mussten uns aussprechen. Das Symbol der Sieben hat etwas mit dem göttlichem System und der Erschaffung der Welt in sieben Tagen/Nächten zu tun. Daher ist bildlich die Zahl der Sieben übernommen worden, da wir unsere Energiefelder aufeinander abstimmen mussten. Das heißt, die sieben „Dämonen" stimmen so nicht. Bildlich wurde die Zahl sieben genommen, als Erschaffung der Energiefelder, die miteinander kommunizieren konnten. Damit es die Menschen verstehen, verwandelte man sie sprachlich in jene Form. Man hätte es positiver formulieren können. Die sieben Dämonen sind in gewisser Weise Frequenzen eines niederen Energiefeldes, die man in ein höheres transformiert hat. Es ist der Sprachgebrauch der Vergangenheit.

Wie bewusst war dir zu damaliger Zeit deine Aufgabe?

Mir war sie seit dem 13. Lebensjahr bewusst, als ich zur Frau initiiert wurde.

Wurde diese Initiation in einem ägyptischen Umfeld vorgenommen?

Ja. Eine Initiation hat statt gefunden. ISIS. Sie wurde aus dem Elternhaus veranlasst.

Maria Magdalena, Frankreich und eine Tochter[11]

---

[11] biblische Vergangenheit:
Im gnostischen Evangelium der Maria Magdalena, das auf die 2. Hälfte des JH nach Christus datiert wird, wird beschrieben, dass Maria

Ich hatte eine Tochter, ja. Die Geschichten sind jedoch frei erfunden und entspringen der Phantasie der frühen Vorzeit, die das bruchstückhaft aneinander gereiht haben, was an Geschehnissen übrig war. Ich bin nie geflohen, da ich keine Fluchtenergie trage, sondern ich bin gegangen. Die Informationskerne sind brüchig und durch Phantasieüberlegungen aneinander gereiht. Es war tatsächlich so, dass ich ein Kind unter dem Herzen getragen und geboren habe. Und es ist tatsächlich so, dass er, Joseph, mir die Hand hielt. Er mochte mich im Kern selbst, Herzliebe, von ihm zu mir. Ich bin tatsächlich in ein weites Land gegangen. Es war keine Flucht. Ich bin einfach weggegangen. So sind die Kerne brüchig, das bedeutet die Schritte sind stimmig. Das Drumherum ist Phantasie. Ob ich ein Kind hatte: Ja. In damaliger Zeit wünschte man sich einen Jungen. Dass sie die Ahnherrin der Tempelritter wurde sind irdische Spekulationen. Dies war ihr nicht vergönnt. Sie war im Blute zu gering. Ihr Blut versickerte in der Erde. Es war das Blut ihres Blutes. Es war ihr nicht vergönnt. Es kann jemand aus diesem Seelenbaum gewesen sein, aber ihr war es nicht vergönnt.

Begleitung von Mutter Maria

Sie ist bis zu einem gewissen Punkt mitgegangen und dann verschollen. Verschollen heißt, sie ist an einem Brunnen zurück geblieben, der Körper war nur Funktionsträger, die Energie hat den Körper zurück gelassen. Sie hat in einer Oase schlechtes Wasser getrunken und ist gestorben. Ihre Geist-Energie hat mich über einen Teich getragen, um sich in der Tochter zu reproduzieren. So hat sie die weibliche Energie durch Inkarnation in ein anderes Land getragen. Die

---

Magdalena eine Tochter zusammen mit Jesus hatte, nach Frankreich geflohen ist und Joseph sie begleitete. etc

Auswirkung meiner Kraft und der Kindeskraft einer Sarah, inkarnierte sich in verschiedenen Geschlechtern. Sarah ist nicht die Gründerin des Merowinger Geschlechtes, das war ihr nicht vergönnt. Die Energie verleibte sich jedoch in den Leibern ein. Die Person nein.

Mein Sohn

Ich hatte noch mehr Kinder, ich bekam noch einen Sohn. Ihn beseelte die Kraft Jesu.
Das war ein gigantisches Unterfangen und Gelingen. Ich gab Jesu die dienende Kraft, dass er sich dematerialisierte. Mir war der Blick in den Geist gegeben und so konnte ich sehen, wie aus dieser Energie mein Körper befruchtet wurde. Man könnte sagen, dass ich Jesu ein zweites Mal geboren habe, indem seine Energie durch meinen Leib geflossen ist.

Die Energie des Jesus hat mich durchflossen. Mein Körper hat in der Durchlässigkeit den Geist durchflossen. Der Samen ist irdisch zu setzen, wurde irdisch aus der Materie gesetzt. Bei der Frage war es ein Mann kommt ja, ein zufälliger. Einer der geholfen hat, bei dem wir untergekommen sind und bei dem Zuneigung oder Liebe bestanden hat. Von Stand war er, adelig, gräflich. Man zeigt Land, Ländereien, es ist uns gut gegangen, wir hatten zu essen..[12]

---

[12] **In welchem Land könnte das gewesen sein?**
Man zeigt wieder über den Teich gegangen, irgendwo aufgetreten,das nächste betritt dann irgendwo hin gegangen, über ein Gebirge gegangen und dann in Ruhe gegangen,, könnte Frankreich sein, wenn's Frankreich ist, dann die Küste, Normandie, da habe ich dann ei JA.Italien bleibt NEIN und Griechenland fehlt der Weg über das Wasser, da wäre sie über die Türkei marschiert. Vorhin zeigte man Wüste, Und bei Wüste zeigte man gleich Marokko, kein Tunesien, gleich Marokko. Es sieht nach Frankreich aus, und dann habe ich beim Namen ein R drin…ich hab La Rochelle

Zeit in Frankreich und England

In manchen Überlieferungen, wie in der Legenda Aurea, die das meistgelesene Buch im Mittelalter war, ist auch deine Reise nach Frankreich und England beschrieben, dort wird gesagt, du hättest die letzten Jahre von NICHTs gelebt. Stimmt das und war das so etwas ähnliches wie Lichtnahrung?

Habe ich armselig gelebt? Irdisch ja. Jedoch mit innerem Frieden und größtmöglicher Gelassenheit. Ich wusste, dass das Zeitenende naht. Darauf habe ich gewartet. Das Zeitenende meines Lebens. Ich habe viele Jahre in dieser Einsamkeit und Einfachheit gewählt, um in der Summe mein Leben abzuarbeiten. Denke darüber nach, ob du nicht, wenn du alt bist, fürsorglich ein paar Jahre wählst, um dein Leben abzuarbeiten. Um es nicht, wenn es nicht abgearbeitet ist, als Karma für ein neues Leben mit dir herumzutragen.

Diese Tradition, sich am Ende des Lebens zu versöhnen, fehlt den Menschen. In alten Kulturen war es immer Tradition sich vor dem Sterben zurückzuziehen, denke an das Sterbezelt bei den Indianern, um das was gelebt wurde, abzuarbeiten. Um eben dies Karma in künftigen Leben nicht mehr mit sich herum zu schleppen. Dies geht eurer Zivilisation gänzlich abhanden. Daher leidet die Psyche so, die Seelen melden sich. Ihr seid bis zuletzt beschäftigt. Es wäre wichtig, damit man es in einem nächsten Leben so nicht tut. Wenn du Zeit brauchst, um laufen zu lernen, brauchst du auch Zeit, um zu gehen. Das heißt der Körper braucht Zeit, um in Bewegung zu kommen, und braucht seine Zeit, um aus der Bewegung herauszukommen. Seelenarbeit.
Daher ist es nur dann schmerzlich, wenn du dich bewegen möchtest und nicht mehr kannst, weil dir der

Sinn der Nichtbewegung abhanden gekommen ist. Es geht um die innere Bewegung. Es kann eine freudvolle Zeit sein. Das bedeutet, wenn du fähig bist, das Heil loszulassen, wird ihm das Unheil folgen. Das heißt in dieser Zeit trennst du dich von den schlechten Erinnerungen. Die Menschen versuchen sich ständig vom Schlechten lösen zu wollen, und halten damit unbewusst das Gute, so dass sich das Schlechte nicht entfernen kann. Du musst dich von beidem lösen, solltest dich von beidem lösen, um aus dem Irdischen herauszugehen. Und genau dies habe ich getan, da ich mich von beidem lösen konnte. So konnte ich die Erd-Atmosphäre verlassen.

Dir wird es dann gelingen, nicht mehr auf der Erde zu inkarnieren, wenn du dich von allen irdischen Aspekten befreien kannst. Sowohl vom einen, wie vom anderen, von Gut und Schlecht.

Kreuzigung

Beim Kreuz waren vier Frauen versammelt. Die, die dort versammelt waren, waren in der Energie der vier: vier Säulen, vier Pfeiler, wie bei einem Haus. Sie haben mich gestützt. Das Kreuz, symbolisch, war Nord – Süd – West - Ost, die anderen haben mich in der Energie gestützt. Insgesamt standen sieben herum. Sie haben mich auch begleitet, jedoch nur drei. Sie sind auch mit mir über das Wasser gegangen.

Diese Frauengemeinschaft war für mich enorm wichtig. Die vier Frauen waren wie Pfeiler eines Hauses und haben die weibliche Energie aufgebaut. Sonst wäre es zum damaligen Zeitpunkt nicht möglich gewesen, die Energie des Aufstieges so kreieren zu können, dass Jesus die Fähigkeit der Dematerialisierung, sowie der Materialisierung, zur Verfügung gestanden hätte.

Zusammen haben wir das Energiefeld erhöht. Das war wichtig.

Als ich dann gegangen bin, war nichts mehr zu erledigen und drei begleiteten mich. Es wurden immer weniger, da ich sie nicht mehr brauchte. Durch bescheidenes Leben, konnte ich mich in der Energie erhöhen. Doch eine Dematerialisierung, so wie damals mit Jesus, war dann nicht mehr notwendig.

Frauenkreise und Kreuz

Diese Kreise sind wichtig, um die Gleichschenkligkeit des Kreuzes zu erschaffen. Das heißt die gleichen Achsen. Das bedeutet, Gleiches findet zu Gleichem. Das christliche Kreuz der Kirche ist dem nicht nachempfunden. Es ist ein männliches Kreuz. Da überwiegt der Mann, das Standbein. Das Weibliche dreht sich einsam im Winde vor sich hin. Daher sind Kreise wichtig, damit Gleiches zu Gleichem kommt.

Die Kreuze, Kreise sind wichtig, damit Gleiches zu Gleichem kommt und sich Gemeinschaften bilden. Druidengemeinschaft, Gemeinschaft der Hasenzüchter, Gemeinschaft der ......da kommt überall Gleiches zu Gleichem, so lernen die Menschen sich zu entwickeln. Wenn einer nicht gleich ist bedeutet das, dass die Nicht-Gleichen hinausgeschmissen werden. Wer bei den Rosenkreuzern, Freimaurern, Rotariern usw. gegen die Saalordnung verstößt, fliegt raus. Gleiches zu Gleichem, das ist das kosmische Urprinzip.
Oder die Verschmelzung mit Göttlichem, Gott zu Gott.

Lehre

Im Johannes Evangelium wirst du die Apostelin der Apostel genannt. Heißt das, dass du auf deiner Reise durch die verschiedenen Länder gelehrt hast?

Ja, ich habe gelehrt. Bis nach Irland.. Gelehrt ja, weshalb mich dieser Graf in dieser englischen Grafschaft empfangen hat – damals war es Blasphemie. Ich brach in eine typisch männliche Domäne ein. Jedoch die hohen Fähigkeiten meines Selbst haben überzeugt. So hat man mir eine kleine Kemenate gegeben und mich still geduldet. Jedoch wurde ich gesellschaftlich nicht akzeptiert. Ich bin durch die Länder gereist und habe gelehrt.
Ich habe einige aus der Jüngerschaft getroffen und verabschiedet. Da kam Johannes der Täufer – ich habe die Energien jener gestreift. Paulus, eine Energie höchster Frequenz, hat mir den Weg geleitet. Nicht als Mensch, sondern als Energie.

Die Jünger haben ihr Wissen weitergegeben.

Wolfgang Kremling: *Da zeigt man, wenn es 11 waren, dass sie nach dem Weggang desselben, da heißt es des Meisters, Jesus wurde als Meister bezeichne, sich hingesetzt haben und die Schriften verfasst haben. Auf Ton, Tonerde und auf Schriftrollen. Da wurde es niedergeschrieben und weitergereicht, drei so heißt es wurden eingegraben, sie fanden Verstecke in den Höhlen, Tondinge wurden eingegraben und von den Römern zerstört. Sie wurden auch in eine Höhle, trockenes Steinloch hinein gegeben.*
Die Häuser der Jünger wurden durchsucht, zerstört, was man fand, wurde zerstört. Dann haben sie es gelassen, damit Ruhe einkehrt. In der Zeit bin ich gegangen.

Dann ging meine Energie dort weg.

Qumram

Gehören die Schriftrollen von Qumram dazu?
WK: Gehören die Schriftrollen, dazu kommt ein JA. Es dürfte aber so sein, dass noch etwas hinzugefügt wurde.

Im Kirchlichen wurde die Jungfrau Maria, unsere Muttergottes ihrer Sexualität beraubt und du Maria Magdalena, genannt Sünderin, wurdest deiner Spiritualität beraubt. Ist es an der Zeit diese zwei weiblichen Aspekte wieder zu vereinen?

Ja, deshalb weil ich, Maria Magdalena, die ausführende Kraft bin. Das heißt die Kraft und Energie, die praktisch in den Fingerspitzen ist. Ich bin die geerdete Tätigkeit, und Maria ist in der Kraft der Mutter. Sie bestimmt, ist Bestimmerin, das bedeutet: die Mutter macht das Essen und die Magdalena isst.

Könntest du die Namen Jesus und Christus in deinen Worten benennen?

Christus und Jesus sind wie Maria und Maria Magdalena in der Ausformung gleich zu sehen. Das Christ-Kind, ist ein Geschöpf irdischer Prägung, und wird seit Jahrtausenden, begrifflich völlig abstrus, im Blickwinkel der Menschen verwandt.
Gott, das männliche und das weibliche EINS, sind die größte Bewegungsfähigkeit. Durch den Ausfluss aus dem Göttlichen kommt es zu einer Spaltung im Männlich Weiblichen. In euren Worten: Christ ist der Mann und Maria die Frau – Gottvater – Gottmutter. Die Ausformung der männlichen Kraft kann in einem Jesus sein, sowie die Ausformung des Weiblichen in einer

Maria Magdalena. So ist es in einfachsten Worten zu verstehen.
In religiöser Überlieferung ist das Christentum männlich dominiert, da es noch zum Kraftpotential des rechten, also des Standbeines zählt, um auf Erden seinen Aufgaben nachkommen zu können. Es ist männlich dominiert. In eurem kosmischen Verständnis gibt es das Christentum, um die Erde zu erreichen und um auf Erden seiner kosmischen Aufgabe nachzukommen. So ist die Christkraft im Grunde die männliche Feuer und Mars Energie.

In hunderten von Jahren wird immer weniger von einem Christen gesprochen werden, da sich dem Christen die Maria hinzugesellt. So mag es dann irgendwann einmal eine christliche Maria geben, einen Marienchrist. Oder eine **Marienchristkraft.**
Zum Christen kommt die Maria. Sie stehen nebeneinander und beginnen zu verschmelzen, möglich ist auch, nicht missverstehen, wir lieben alle die Kirche, und in Ansätzen ist es in euren Medien schon vorhanden, weshalb sie den Untergang des kirchlichen Systems prognostizieren. Es kann nur so sein. Doch die Kirche wird niemals untergehen sondern die Inhalte der Lehre werden sich ändern.

Gottvater = Christus
Gottmutter = Maria
Zusammen sind sie die Gott-Quelle.
Wenn man bislang von der Christuskraft spricht, ist mehr die männliche Energie gemeint . Wird sich das zukünftig ändern?

Ja. das muss sich ändern, da die Zeitenwende vollzogen ist. Das Weibliche wird steigen. Jetzt in der Zeitenwende hebt das Leichte das Schwere in die Höhe. Bislang ging die Schwere, das Männliche voraus und zog das Weibliche hinterher, bis in die untersten Tiefen, bis es nicht noch weiter hinunterging. Nun ist der Druck so groß, dass man nicht mehr sinkt. Jetzt kommt die Umkehr.

Papst Benedikt ist gegen die Ordination von Priesterinnen.

Er muss sich gegen Priesterinnen aussprechen, da es ihm so gelehrt wurde. Er wollte im System groß werden und hat die Alten vertreten, die ihm damals mächtiger erschienen. Das heißt, es ist eine Art Loyalität an seine alten Lehrer, Zweckopportunismus.

Thema Kirche: welche Rechte haben Frauen zukünftig und welche Rolle spielen Frauen zukünftig in der Kirche?

Das ist nicht so wichtig. Es ist im Aspekt zu sehen. Wenn du in einem nächsten Leben ein Mann bist, dann wird dein weiblicher Aspekt blühen können, so wie er jetzt blüht. Also wird es künftig immer weniger Rolle spielen, ob du ein Mann oder eine Frau bist.

Meine bewegliche Kraft hat mit dieser Schnelligkeit zu tun. Meine Kraft kannst du in der Spiritualität, in Gebeten und täglichen Meditationen sehen, sowie auch in jeglicher, menschlicher Arbeitsweise. Das heißt, ich bin auch in den Händen deiner Freundin Elisabeth[13], einer Holzschnitzerin, ich bin auch in ihren Händen. Ich bin auch im Gehirn eines Gen-Forschers. Das ist Spiritualität. Spiritualität heißt nicht in einem Ashram herumzuhocken, sondern aus diesem Selbst das Wissen

---

[13] Elisabeth von Samsonow, Prof. Dr. phil., Bildhauerin, Akademie Wien

z.B. in Form eines religiösen Gebets, oder im weltlichen, z.B. im Forschungsbereich, Arbeitsbereich und.. und.. und.. zu publizieren. Ihr werdet euch mehr denn je nicht mehr verschachteln. Es ist vorbei, dass ihr Schulen mit elitärem Wissen gründet. Es wird mehr denn je zum Verdienst der Allgemeinheit.

Es gibt dieses Zellgedächtnis. Doch ist es eine Frage des Verständnisses, und einer mentalen Fähigkeit, sich aus den körperlichen Beklemmungen und Begrenzungen herauszulösen. Ihm, Wolfgang Kremling, wurde die Erkenntnis durch die Struktur seines Denkens gegeben. So kann er aus dem körperlichen Sein in das mentale Sein hinüberwechseln, vom Geist in den Körper und umgekehrt hinein in den Geistkörper. So kann es gelingen, in dieses Zellgedächtnis, bzw. in dies universelle Wissen hinein zu gelangen.

Es gibt eine kosmische Bibliothek, deren Tür einem Menschen nicht durch einen Petrus geöffnet wird. Aber durchaus kann mit der Hilfe des Petrus, einer Engelkraft, einer kosmischen Energiestruktur, die Tür zur kosmischen Bibliothek geöffnet werden. Dies ist nur immer, wie durch ein Nadelöhr, durch dich selbst erreichbar.

Elitäre Bildungsgemeinschaften spielen zukünftig keine Rolle

Zukünftig werden elitäre Schulen keine Rolle mehr spielen.
Sie werden sich deswegen verändern, da sich alles mehr mit allem verbindet. In den nächsten Entwicklungsphasen werden sich Schulen, die sich abschließen, verkümmern müssen, da, wie bei einem Tümpel, das frische Wasser fehlt.

Das bedeutet, elitäres Denken gehört langsam der irdischen Vergangenheit an, da sich der Geist, das Bewusstsein, immer mehr manifestiert. Meine Maria Magdalena Kraft wird dadurch, dass du durch deine Arbeit den weiblichen Aspekt stärkst, ständig dazu gewinnen, um das irdische Bewusstsein in Richtung des kosmischen zu heben. Je mehr der Mensch sich der Stärkung seiner Aspekte hin gibt, desto mehr kann ich wirken, desto wirkungsvoller werde ich in meiner Energie. Dies führt zu einer Multiplikation meiner Kraft und führt dazu den Erdplaneten anzuheben.

Genau dies in kryonaler Beschaffenheit ist der weibliche Aspekt der bislang den Medien des Kryons[14] fehlt.

Weiblicher Kryon[15]

Diese längst existierende weibliche Kraft eines Kryon wurde bislang noch nicht erkannt.
Kryon ist beides, Mann und Frau. Wer hat gefragt ob Erzengel Michael mehr dem Michael oder der Michaela zugehörig ist? So mag es in der Personifizierung des Mediums einen Kryon geben, eines Mediums männlichen Ursprungs, männlicher Religiosität, männlicher

---

[14] KRYON , Lee Carrol, KoHa Verlag, Ostergaard Verlag

[15] KRYON ist eine seit 1989 durch Lee Carrol gechannelte Lichtwesenenergie. Einer der Aspekte von Kryon ist „Meister des Magnetismus". Dieser ist derzeit dabei, das Magnetgitter der Erde neu auszurichten (zu verschieben) Dieses Tun schafft die physikalische (magnetische) Voraussetzung dafür, dass die Menschheit und der Planet Erde in das Bewusstsein des Neuen Zeitalters eintreten können und einen Lichtkörper (erleuchtetes Bewusstsein) entwickeln können.

Erziehung und männlicher Worte, selbst, wenn das Medium eine Frau ist. Dann beäuge einmal die Kryon Medien. Sind sie nicht im Kern ihres Selbst den Männern gleich und betrachten das Gleiche mit Gleichem, auch wenn sie eine Frau sind? Sie sind nicht in der Lage die Frau, die weibliche Kryon Kraft zu entdecken.[16]

Aber ernsthaft: warum ist dies nicht schon lange jemand aufgefallen? Wäre es nicht Blasphemie neben dem Kryon eine Kryona zu kreieren.
Bislang haben es wenige geschafft. Er, Wolfgang Kremling, ist dazu übergegangen dem „Vater Unser" ein „Mutter unser" das mütterliche Selbst, zur Seite zu stellen. So ist die Hülle eines Kryons männlich, der Inhalt ist jedoch in Beidem verankert.
Anders wäre das Wirken kryonaler Kraft im irdischen System nicht möglich.

Wenn er ein rein männliches Wesen wäre, könnte er die Wirkung des Magnetismus doch niemals beeinflussen, da er dann in der Einpoligkeit wäre. So kann Kryon als Kraft nur in der Zweipoligkeit bestehen. Die weibliche Stimme des Kryons ist hoch schwingend und in der Frequenz äußerst beweglich, es sind Amplituden, Ausschläge, vergleichst du die Informationen des Heute mit der Vergangenheit wirst du im Wortkern kaum eine Änderung verspüren. Nach nahezu 12 Jahren werdet ihr immer noch „unermesslich geliebt" ☺. Das bedeutet die Veränderung ist nicht in der weiblichen Beweglichkeit, sondern in der männlichen Monotonie. Also in der männlichen Einseitigkeit. Ein weiblich bewegliches

---

[16] Diesen Aspekt hat die Fragende dem Medium Wolfgang Kremling übertragen und ihn infiziert, dass er in diese Erkenntnis kommt. Hier war sie der Katalysator und die reinigende Kraft, die die weibliche Kraft losgerüttelt hat.

Medium wird immer die weibliche, kryonalische Kraft empfangen können.
Wolfgang Kremling kann damit anfangen, dann können auch andere, wenn sie es sich eingestehen, im Laufe der Zeit, auf sein Trittbrett steigen.

Die Kryon Kraft besteht aus zwei Polen (Anmerkung des Mediums... und einem Tschechen ☺). Dem Medium wäre es sehr wohl möglich, die Kryon Kraft der Weiblichkeit auszudrücken, da ihm, die Worte derselben schon 1997 in den Mund gelegt wurden. Das heißt eure Medien, und das ist der springende Punkt, benützen, hier solltest du aufpassen, die männliche Kraft eines Kryon. Das bedeutet die dicke, die dichte Kraft, nämlich die Kraft die sie greifen, die sie begreifen können. Hier nutzt der männliche Aspekt eines Lee Carrol die männliche Kraft eines Kryon, um sie zu reproduzieren. Genau dies machen die Frauen auch. Sie nutzen in Kryon die tiefe, dichte Schwingung, die sie (nur) ergreifen können. Ein Medium, das sich seiner Weiblichkeit nähert wird immer in der Lage sein, das hohe Weibliche nämlich die weibliche Seite –da heißt es immer kryonalischer Kraft – das wird nie als Kryon bezeichnet, sondern immer kryonalisch oder so ähnlich – zu empfangen

Ich fühle mich aber nicht dazu berufen ein Medium zu sein.

Das eine ist mit dem anderen in kausaler Verknüpfung zu sehen. Warum soll der Mann nicht mit der Frau tätig sein, die ihm, da er in seiner verkümmerten Männlichkeit sitzt ☺ ☺ ☺ auf die Sprünge hilft. Nur so schafft ihr es, da ihr zusammen seid oder zu zweit sei. Das Männliche braucht hier die weibliche Hilfe, da es das Weibliche in seiner Konsistenz so nicht schafft, da das Weibliche zu leicht oder zu schnell in seiner Bewegung ist. Oder um geschäftliche Prinzipien einzuführen, das bedeutet, dass sich die Worte und Informationen multiplizieren und verteilen. Das ist das Urprinzip. Warum sollte es nur einen geben der spricht, auch der andere, der fragt. Wenn ich ausspreche, gibst du, dieses Geben und Nehmen praktisch, dieses Urprinzip zeigt sich förderlich.

Schüler, Jugend und Bildung; gehört zukünftig das nur auf Leistung orientierte Denken der Vergangenheit an und geht mehr hin zur Kooperation, sozialen und ethischen Kompetenzen, moralischen Werten – weiblichen Werten?

Das ist so. Erkenne es aber im Zeitgefüge, das wird irdisch noch nicht Morgen sein. Der Weg dorthin ist dann, wenn euer Gesundheitsgefüge tatsächlich am kollabieren ist, das heißt wenn es am flattern ist. Schon heute sind die meisten eurer Erkrankungen psychosomatischer Natur. Schon heute sind die meisten eurer Kliniken mit psychosomatisch erkrankten Menschen gefüllt. Das heißt die Psyche leidet und kostet Geld. Die Menschen werden es über den Faktor der Materie, das Geld, bemerken. So geht der Weg immer über die Materie am Gelde werden sie es spüren. Weshalb das System nicht zusammenbricht, sondern sich über den Weg der Materie, das Geld, regulieren wird. Kosmische Regularien in der Materie sind Materie, das sind irdische Auswirkungen. Damit wurde schon begonnen.
jetzt kommen Beispiele: Waldorf, Pestalozzi, Montessori, Heilpraktiker…Medien, Meditation, Entspannung; Yoga, Tai Chi, Chi Gong, Ha Chi, Hatschi etc ☺

Ein Zitat aus der Biologie: „*Zellgemeinschaften funktionieren dann am besten, wenn sie kooperieren, niemanden auslassen, und jede Zelle in die*

Zellgemeinschaft eingebunden ist. Da wir das Abbild unserer Umwelt sind und göttlichen Ursprungs sind, werden in Zukunft nicht die Stärkeren sondern die Liebevollsten überleben…"Bruce Lipton[17]
Was meinst du dazu?

Wenn es auf die Lebensdauer, also die Jahre des Lebens auf der Erde angelegt ist, hat dieses System Zukunft. Da sich alles aus Seelengemeinschaften ableitet, werden die Seelengemeinschaften auf der Erde stark sein, die sich zusammenschließen. Er , BL, gibt biologische Vorgänge mit irdischem Charachter wieder. Du befragst mich jedoch als kosmisches Wesen, daher kann ich dir nur eine seelische Antwort geben. Im irdischen Sinne hat er Recht. Ins Kosmische übertragen heißt dies, dass sich künftig auf Erden, da ich Maria Magdalena die Beweglichkeit bringe, dass sich auf Erden seelische Familien und Gemeinschaften, die zusammengehörig sind, treffen werden. Seelengruppen, Seelenstämme. Das drückt er biologisch aus.

Also: Ja.

Verstehe, dass mit der Liebe hier nicht die irdische, sexuelle Liebe gemeint ist, sondern die Liebe des Seelenstammes in sich. Das ist die Ausgeglichenheit und die Harmonie der Aspekte. Anerkenntnis des anderen, JA, das ist jedoch wieder ein biologischer Ausdruck.

E**s geht um die Anerkenntnis von sich selbst**. Sehe dich in einem Baum als ein Stück Holz. Im Kern ist ein Seelenstamm ein kosmischer Baum aus dem Millionen von Splittern geschnitzt sind, auf Erden sind. Kiefer. ZB du bist aus Kiefernholz aus weichem Holz geschnitzt, mit

---

[17] Bruce Lipton „Intelligente Zellen" KOHA Verlag, Burgrain 2006

dir 100 000 andere, und ihr inkarniert immer wieder, multipliziert euch immer wieder. Dieser Baum wächst in der Erkenntnis seines Selbst. Dieser Baum wird sich irdisch finden, um zurück zu wachsen. So kannst du es verstehen. Das bedeutet: liebe dich selbst, dann liebt der Baum dich. Liebe dich selbst, öffne dich dir selbst, deinem Kiefernholz, dann öffnest du deine Poren und die gesamte Kraftstruktur deines Baumes ist in der Lage, dich zu heben, zu fördern und zu unterstützen.

Zum Thema Seelengefährten. Wenn man in die Verwandlung und Tod geht und stirbt, also in eine andere Frequenz geht, vereinigt man sich dann mit seiner Seelengefährtin bzw seinem Seelengefährten?

Gibt es Seelengefährten? Ja, in einer höheren Instanz. Wenn die Frau stirbt wird sie sich seelisch mit ihrem Seelendoppel, d.h. mit ihrem männlichen Teil verbinden. Das bedeutet stirbt Frau, wird sie sich seelisch mit ihrem anderen Seelenanteil, nämlich dem männlichen verbinden können. Männlicher und weiblicher Aspekt gehen nebeneinander. Dann ist sie richtig im Geiste, also in dieser kosmischen Struktur. Wenn sie zB aus einem Seelenbaum kommt oder aus einer Seelenfamilie, kann sie z.B. aus dem gleichen Holz geschnitzt sein wie du. Es ist möglich in einem irdischen Leben einen Partner zu erwählen, der aus dem gleichem Holz geschnitzt ist. Das kann schon sein. Diese können oder werden dann, durch verschiedene Leben, unbekannte oder bekannte, miteinander in eine größere Verschmelzung gehen, d.h. in eine größere Feinheit, bis sie sich mit anderen Bäumen kreuzen. Das bedeutet, ein Seelenstammbaum kreuzt sich mit einer anderen Seelenfamilie. Durch Inkarnationen der Verzweigung erfolgen durch die Zeitenwende Inkarnationen der Verschmelzung. Wenn eine Familie beginnt, in sich zu verschmelzen bis sie ganz einig ist, kann sie dann auch mit anderen Seelenfamilien verschmelzen.

So ist die Phase des Beginns der, dass du zunächst einmal beginnst, dich mit deinen Seelenanteilen zu füllen. Du bist als ein Teil des Baumes gegangen und hast dich durch viele Leben zergliedert und kleine Verletzungen getragen, Versiegelungen. Du hast Teile deines Selbst aufgegeben und diese Teile, die du aufgegeben hast, mit der Post an andere verschickt, damit andere damit hantieren. Du beginnst langsam zu sammeln. Wenn du dich zusammengefügt hast, deine Seelenteile von denen, an die du sie geliehen hast oder die sie sich genommen haben, dann wirst du in deine Seelenfamilie einkehren, in deinen Seelenstammbaum. Dann wirst du dich mit denen, die dort auch sind verbinden. Auch diese haben dann ihre Seelenanteile eingesammelt. Wenn du dann mit deinem Baum eins bist, einig, wird diese Seelenfamilie, dieser Seelenstammbaum sich mit anderen Seelenfamilien, Stammbäumen verschmelzen um immer weiter voran zu kommen.
So ist deine Frage aus dem irdischen Denken dieser Struktur intuitiv entstanden.

Das heißt der Mensch sucht immer sein Seelendoppel und wird es nur finden können, wenn er es in sich entdeckt. Du als Frau in dir den männlichen Aspekt. Einen Seelenpartner in dem Sinne, dass er es für dich als Frau für die Ewigkeit ist, gibt es nicht, da dies eine sich ständig wiederholende, fortschreitende Entwicklung ist. Wenn du als Maria mit dem Christ bist, erfolgt durch die Verschmelzung Maria und Christ, quasi der Eintritt über die äußersten Empfindungsfelder deines Seins in das Göttliche. Das erfolgt namentlich nicht als „Mayer“, sondern im Gesamtgebilde der seelischen Beschaffenheit.

Auch nicht, und jetzt wird's schwierig, in der Gesamtheit der Weiblichkeit, sondern in der Gesamtheit der Weiblichkeit und der Männlichkeit. Das heißt, du bist so hoch schwingend, dass du in beidem schwingst, gespaltenes Bewusstsein, männlich, weiblich in der Gleichzeitigkeit. Du bist in beidem verankert und, wie so eine Atomreaktion, da knallts zusammen. Das heißt der Urknall nach außen, da gibt's wieder einen Urknall nach innen.

Das heißt wenn ich von Seelenbaum spreche ist alles, was in meinem Resonanzfeld ist auch Seelengefährte, wenn ich Kiefer bin, Kiefer bei Ahorn – Ahorn , bei Zeder - Zeder usw…

In gewisser Weise ja. In dieser Erklärung ja.

Das heißt aber auch, dass wir auf die Dauer immer ausgeglichenere, androgynere, geistigere Wesen werden werden? Und es wird auch auf die Dauer nicht mehr diese Art von Partnerschaften und Ehen geben?

Sie wird es so nicht mehr geben können, da du dich in der Verzweigtheit deiner Fähigkeiten oder in der Vielschichtigkeit dimensionalen

Alpina
Euroweiß

Abbildungen
Seite 49 u. Seite 50
Maria Magdalena, Elisabeth von Samsonow, 2006, Linde, Pigmente, Höhe 192 cm
Seite 51 Samson, 2004, Elisabeth von Samsonow, Linde, Pigmente, Höhe 215 cm

Verständnisses bewegst. Das bedeutet, dass du langsam die Körperlichkeit aufhebst. Jeder Verstorbene ist dann froh tot zu sein (totfroh), wenn er die Enge des körperlichen Gefängnisses verlassen hat. Körper spielt im Geist keine Rolle. Himbeereis auch nicht, das heißt deine Leibspeisen auch nicht.☺
Es geht von der Rationalität, von der Definition, vom Festhalten ins Gefühl, das bedeutet: in der Liebe spielt es keine Rolle, wo sie gelebt wird. Liebst du einen Mann, dann spielt der Ort der Liebe keine Rolle, geistig, seelisch, körperlich. (Porsche oder VW Käfer, egal).

Maria Magdalena, was können wir über Sexualität lernen?

Sexualität ist im Produkt menschlichen Verständnisses verhängnisvoll. Sexualität ist in der Summe der Leben zu sehen und nicht durch ein Einzelleben. Sexualität ist Körperlichkeit. Verhängnisvoll heißt, da hängt man in körperlichen Geschehnissen drin, die rein zur Erde gehören.

Als ausführende weibliche Kraft, also aus der Maria heraus, begleitet die Sexualität den Menschen durchaus in der Körperlichkeit.

Führe und leite den Menschen die Hände, Gefühlsebene, und dann werden die Fingerspitzen gezeigt,
Es geht um das Fühlen. Erkenne*:* gibt es einen Gegenpol oder Gegenspieler? Das duale Feld der Erdbeziehung.

Hier mag ich das Weibliche sein, Wunsch oder Wille nach Gefühl und Wärme, dem setze ich mich aus, da ich mich im dualen Feld bewege, in der dualen Kraft.

Da die Frage aus der weiblichen Seite gestellt wurde, was ihr über Sexualität lernen könnt, ist die Antwort: lernt in die Gefühlsfähigkeit und die Gefühlsmäßigkeit zu gehen. Das heißt, im Grunde ist es der Weg aus der Körperlichkeit heraus. (Das kann man lernen, das muss man nicht machen ☺) Das Männliche ist immer in den Körper hinein, Geistkörper. Durch mich, Maria Magdalena, lernst du aus dem Körper heraus zu gehen, das heißt mehr ins Gefühl, da die Aufhebung des Körpers von Statten geht.

(*So wurde die Migräne erfunden*, Anmerkung des Mediums)

Fühlende Sexualität oder Sexualität fühlen. Wenn es vom Körper in den Geist geht, also Gefühlsfeld.

Wie bewertest du, Maria Magdalena, Sexualität?

Sexualität ist ein körperliches Phänomen, kosmische Ursache, irdische Auswirkung.

Gefühl wird irdisch ausgedrückt, das heißt für alle Facetten kosmischen Gefühls eine irdische Auswirkung. Höchste Ekstase wirkt sich in ihrer hohen Schwingung bis hinunter ins Tiefste aus.

Sie wird in einzelnen Facetten irdisch ausgedrückt. So bedeutet für mich, Maria Magdalena, in der Erklärung über dieses Medium Sexualität im Grunde genommen nichts, da ich in die beobachtende Rolle gehe. In diesen kosmischen Betrachtungswinkel.

Der Kosmos verspürt den Schmerz oder die Lust nicht, das Kosmische sieht, wie das ist. Über das Freud – Leid System arbeitet sich das Kosmische wieder zurück. Das bedeutet, der Schmerz wird nicht übertragen, sondern man betrachtet, wie ist es. Qualität.

Ist Tantra ein Weg?

Ein Weg ist der Weg der so genannten Sexualmagie. Ein Weg. Das Fühlen, Spüren. Definitionszwänge, die ihr euch auferlegt.

Ich dachte, das Göttliche nährt sich vom Gefühl?

Das Göttliche nährt sich vom Bewusstsein. Nicht um es zu fühlen. Das bedeutet, das Göttliche nährt sich von der wohligen Flamme, indem es vor dem Feuer sitzt, aber nicht indem es ins Feuer hinein geht.

Auf der Erde gibt es also gar nichts Verwerfliches, sondern nur eine höhere oder tiefere Frequenz?

Im menschlichen Bereich gibt es nichts Verwerfliches, dies kann man irdisch, aber nicht erklären, das wäre nicht fassbar. Sonst würdest du alles entschuldigen. Es gibt kosmische Ursachen, Wärme und irdische Auswirkungen. Dies ist die Betrachtungsweise des Geistes. Sieht Gott die Kälte nicht? Doch er sieht sie, aber er spürt sie nicht. Neutralität.
Du beginnst diese Neutralität wieder zu erlernen und dich dort hinein zu begeben. Die göttliche Verschmelzung wird mit einer Energie, die schmerzt oder Leid trägt, nicht stattfinden. Das hat wiederum nicht zu sagen, dass man die Erfahrung nicht gemacht hat. Die Erfahrung hat man gemacht. Aber das Freud – Leidpotential wird ins Göttliche nicht übernommen. Es geht um gegenseitige

Akzeptanz, die der Mensch lernen muss. Das Akzeptieren aller Unwegsamkeiten, die dann ein Ganzes bilden .

Ihr seid auf dem Wege, hierzu den Weg zu ebnen.

Gegenseitige Akzeptanz. Mein Maria Magdalena Leben war ein Leben indem ich anderen, damit ist Jesus gemeint, den Weg ebnete. Ich nutzte die Kraft derer, die ihr als Apostel bezeichnet, die Lehren Jesus verbreitet haben. Diese Kraft der Apostelwesen ist aus göttlichen Energien geschnitzt worden, um die Lehren der Christen zu verbreiten.
In damaliger Zeit war es beinahe blasphemisch, von Güte und Nächstenliebe zu sprechen, da die Eigenheiten der Völker dem Christentum entgegenstanden. Zu damaliger Zeit hatte es niemals eine Gleichstellung gegeben. Doch die Gedanken der Christenheit haben Einzug gehalten und währen bis zum heutigen Tage. Die Apostelwesen sind aus kosmischen Kräften geschaffen, die sich in einer körperlichen Form manifestiert haben. So ist es der Kraft eines Petrus und Paulus zu verdanken, dass die öffnende Herzkraft (Paulus) sich um den Äquator um die Erde schwingt.

So ist in Paulus der Körper der begleitenden Gottkraft geschaffen, die den Menschen auf Erden begleitet. Der Körper von Petrus ist aus dieser verschlossenen Kraft, Kraft des Schlosses, des Schließens geschaffen worden. In anderen Worten ist die Kraft eines Petrus der Herzöffner, bzw. die Kraft des Torhüters, der dem das Tor zum Göttlichen öffnet, der hierfür offen ist. Also ist dir die Kraft eines Petrus dann inne, wenn du dein Herz berührst. Es sind Elemente des Göttlichen, keine des Menschlichen. Daran solltet ihr euch halten. Die Menschen brauchten diese Metaphern, damit sie es begreifen können. Doch im Kern selbst sind diese Wesen aus kosmischen Kräften, aus göttlicher Substanz gewonnen.

Ich komme zu einem anderen Definitionszwang, der Beziehung. Was ist eine heilige Beziehung?

Irdisch wird es viele heilvolle Beziehungen geben, auch wenn sie im Streit sind. Weil ihnen Heil widerfährt. Die Paare können erkennen, sich läutern und dadurch in heilende Prozesse geleitet werden. Eine heilige Beziehung ist eine Beziehung, in der das Heil ist. Gottes Heil. Die Beziehung des Kindes zu seinem Tiersein, da es heilvoll für (Therapiepferd) es ist. So kann die Beziehung auch für das Tier heilend sein, da es am Ende seiner Inkarnation einer ausgerotteten Tierart ist.

Das was du meinst, eine Beziehung, die im Göttlichen dem unendlichen Prinzip unterliegt gibt es nicht, da die Unendlichkeit auf Erden nicht zu Hause ist. Da ist ein Zeitfaktor geschaffen, Beginn und Ende. Es handelt sich, da Beginn und Ende gesetzt ist, auf der Erde immer um eine Entwicklung, Bewegung, Reibung, Energie.

Kann eine Beziehung gut sein? Irdisch mag es eine heilige Beziehung sein, doch kosmisch nicht.

Von den Bonobos (einer Schimpansenart) weiß man, dass sie Konflikte, Stress und Streit nie über Kampf oder Aggression lösen, sondern immer über die Sexualität. Wäre das auch eine Strategie für den zukünftigen Menschen?

Diese Strategie wird von Menschen häufig gelebt, die sich nach einem Streit häufig vereinigen. Es ist eine Möglichkeit, da dann die Energie genutzt, gefiltert und geleitet wird. Es fehlt aber noch etwas, die Erkenntnis.

Denn dann erkenne ich, wann ich streite. Das geht über das limbische System.

Maria Magdalena können wir, bitte, von Dir die wichtigste Botschaft Jesus vernehmen?

Eine wichtigste Botschaft gibt es nicht, da verschiedene Völkerschichten, Völkergruppen angesprochen sind.

Die Essenz der Lehren Jesu aus der Perspektive…..
Viel hat zu tun mit Nächstenliebe.
Weshalb ich die Kräfte der Apostel erwähnte.
Nächstenliebe ist gemeint, als nächste Liebe, als nahe Liebe zum göttlichen Selbst. Die Lehren des Jesu gibt es, um dich vom egozentrischen menschlichen Tun in der Zentrierung zum Göttlichen zu wandeln. Das Innen nach Außen zu kehren. Bislang waren die Leben in der ureigensten, menschlichen Wahl. Die Lehren des Jesu sind, um diese ureigene, menschliche Wahl aufzuweichen und um den Menschen die Erkenntnis zu verschaffen, **göttlich zu sein**.
Eine Verfeinerung der Denkstruktur.

Gemeint ist damit, den Menschen von der Materienbetrachtung, von der Definition wegzuführen hinein in das Bad warmer Gefühle. Weshalb in einer schweren Zeit das Bad immer eine Rolle gespielt hat. So ist das Bad im Kern die Ölung, die Salbung spiritueller Aspekte gewesen. So wurden die Steine einer Pyramide immer auf dem Wasser bewegt. Um dem Menschen Zeugnis zu geben, dass alles gelingt, wenn es im Fluss ist. Das sind die Lehren aus magdalenischer Sicht.

Steine erweichen, die Weichheit ist es. Es ist die Weichenstellung gewesen. So ist nicht ein Wort, sondern das gesamte Vorhaben, das eingeläutet wurde wichtig. Es gibt keine Lehre die imposant im Vordergrund steht, es ist die Gesamtheit, das Ganze. Die Kraft die in Jesus aufflammte, war vom Beginn bis zum Ende seines Lebens von enormer Wichtigkeit. da es eine Entwicklungsphase und ein epochales Geschehen einläutete.

Es geht um die Weichheit. Der weibliche Fluss fließt in den männlichen ein, daher ist das Männliche bildlich ausgehöhlt, damit das Weibliche einfließen und sich halten kann. Das Männliche ist durch die Dehnung von dem Göttlichen nun so weit entfernt, dass es sich nun nicht mehr weiter dehnen und entfernen kann. Nun beginnt es porös zu werden und in diese porösen Tore, in diese Energieverwirbelungen und Energielöcher fließt das Weibliche ein, um es wieder geschmeidig zu machen. Gleich einem Gummiband, das zu reißen droht.

Bei den aufgestiegenen Meistern gibt es ja auch weibliche Wesenheiten, wie Lady Nada, Kuan Yin, Amaterasu, Sarasvati, Parvati, Tara etc…Göttinnnen oder aufgestiegene Meisterinnen. Bist du diese Energien?

Ich behaupte von mir, dass ich in der Ausformung des Körpers als Summe des Ganzen geschaffen bin. Das heißt, die Meister selbst waren an der Schaffung meines Körpers beteiligt. In unzähligen Versammlungen und Zusammenkünften wurde es für gut befunden, diesen Körper zur Erde zu senden um auf diesem Planeten die Wende aller Dinge einzuläuten. So wie ihr kryonischen Märchen, Geschichten und Erzählungen hinterher seid, es um Konzile und Besprechungen geht, kann ich diese Frage beantworten, indem ich sage, es fanden Beratungen und Besprechungen statt, in denen die Erde als reif für den Rückweg erachtet wurde.

Tatsächlich haben sich im kosmischen keine Versammlungssäle gefunden, wo man sich Gesprächen getroffen hätte. In Wirklichkeit, im wirkenden Licht, strahlte die Erde eine Frequenz aus, die in der Höhe ihrer Schwingung, die höheren Energiefelder der Meisterschaft streifte, wie ein Klingelton. So dass diese, aus dem göttlichen Bewusstsein heraus, Kräfte in einer Automatik entsandte, aus denen die Körper, mein Körper geformt wurden.

So gibt es im Kosmischen diese Konzile und Verhandlungen in dieser Form, wie man es euch irdisch erklären kann, nur kann es eben irdisch nur so erläutert werden, dass ihr es mit euren Gehirnen begreifen könnt. Das galaktische Erdsystem ist nicht das Einzige. Es sind viele, das heißt millionenfache Sterne, die immer und immer wieder gefordert sind, Signale zu senden. Es ist wie beim Backen eines Kuchens, wenn er fertig ist, kann man anfangen, ihn genüsslich zu verspeisen. Wenn die Zeit eines Planeten reif ist und er in das Energiefeld des Aufstiegs eintreten kann, gibt der Planet das Signal. Das Signal wird entsandt, und kosmisch von den obersten Meistern empfangen. Du kannst sie auch als Engel bezeichnen, die wiederum im gemeinsamen Tun Körper ausformen, um diesem Planeten, der flügge ist, auf die Füße zu helfen. Hier ist die Erzengelschaft gefordert, und auch die Meister. Solche eben, die in ihrer Fähigkeit in der Beherrschung des Meisterlichen noch mit Planetenwissen bestückt sind: aufgestiegene Meister.

Gibt es bei diesen Meistern gar kein Weiblich oder Männlich mehr?

Meister und Meisterinnen sind dabei, sich ihrer Geschlechtlichkeit zu entledigen, da sie auf dem

Engelweg sind. Erinnerungen an planetarisches Geschehen sind durchaus vorhanden, jedoch in der Transformation zur Engelhaftigkeit lösen sie sich auf.

Ist der Unterschied zwischen Engeln und aufgestiegenen Meistern, dass AM Seelenenergien sind, die schon mal auf der Erde waren und Engelenergien nicht?
Ja.

Könnte man dich dann als aufgestiegene Meisterin bezeichnen?

Nein. Ich, wie ein Jesus, bin zum Zweck einer Aufgabe geschaffen worden. Diese Körper wurden in ihrer Einmaligkeit zur Erfüllung eines Auftrags ausgeformt und nicht in der Kontinuität der Reinkarnationen. Das heißt, es gibt keine Wiedergeburt des Jesus. Wir sind geschaffene Wesensstrukturen.

Dann wird wirklich an den „oberen Schaltstellen" alles kreiert, erschaffen?

In obersten Energiefeldern werden keine Spielbücher geschrieben, sondern das Spiel wird bestimmt. In der Ausformung des Selbst. Es werden keine Drehbücher geschrieben, aber das Spiel des Lebens wird überwacht. Das bedeutet wenn die Fäden zu reißen drohen, da die Entfernung aus dem Göttlichen zu weit fortgeschritten ist, ertönt dieser kosmische Klingelton, damit die Zeitenwende angetreten wird. In gewisser Weise, um es dir zu erleichtern. In diesem Spiel gibt es die Spielregeln, die jedoch nicht geschrieben sind. Diese leiten sich aus dem göttlichen Ur-Bewusstsein her: Alles ist.

Wenn im Göttlichen alles in der Gleichzeitigkeit ist, ist im Spiel aller Dimensionen eben in der Gleichzeitigkeit alles. Da gehört zum tiefen der hohe Ton. Da gehört zu der kosmischen Ursache die irdische Auswirkung, und es gehört der Blickwinkel des Menschen in Freud und Leid dazu.

Glaube mir, das einfachste System zu überwachen ist die Dualität. Du bist im einfachsten System und so pendelst du von einer Wand zur nächsten. Daher gelangst du, wenn du das duale Feld verlässt, in die Trinität. Hier kannst du nur auf der Basis des dualen Bewusstseins leben. So gelangst du in die größere Freiheit deines Seins. Aus diesem Spielfeld wächst du in das nächst höhere Energiefeld, in das GottSein. Also kümmere dich nicht darum, wenn du Last trägst oder, wenn du Last abwirfst, da du dadurch aus dem dualen Feld in das nächst höhere Energiefeld wächst. Den Schmerz trägst du nicht, wie ich schon erläutert habe, in das nächste Spielfeld mit. Genauso wenig den Verlust. Der irdische Schmerz überträgt sich nicht in das Göttliche (hinein), da diese Last durch Karma und immer und immer wieder geführte Inkarnationen transformiert wird. Die Last, sowie die Nicht-Last wird zerrieben, da sie dem dualem Feld angehören. Alles, was du auf der Erde erlebst, wird im Bewusstsein kosmisch gespeichert, und im Übergang in das nächst höhere Energiefeld, wobei es sich um einen fließenden Übergang handelt zerrieben – es wird feiner gemacht.
Also reguliert sich das System, wie ein natürlicher Flusslauf, von selbst. Wie sich ein natürlicher See immer und immer wieder selbst zu reinigen vermag.

Gottkraft ist eine sich selbst regulierende und sich selbst ständig ordnende Energiekraft.

*Y*Y*Y*Y*Y*Y*Y*Y*Y*Y*Y*Y*Y*Y*Y*Y*Y*Y*Y*Y*Y*Y*

Keine Konzentration auf das Ziel?

Keine Konzentration auf das Ziel bedeutet, dass du dich nicht auf morgen konzentrieren solltest, da du hierdurch in einer Zeitverschiebung bist. Konzentriere dich auf das Jetzt. Schöpfung bedeutet schöpfen. Im Jetzt tun. Nicht darauf warten, dass es morgen ist. Da du jedoch in der Dualität bist, erschwert es dir das Zeitgefüge, aus dem du dich nicht lösen kannst. Sobald du die Zeit eliminierst praktisch, sobald du die Zeit, wie bei einem Theaterbesuch an den Garderobenhaken hängst, wie einen Mantel, kannst du in dem Theaterstück sein, das gerade spielt. Wenn du die Dualität verlässt, wirst du die Zeit abhängen und ihn die nächst höhere Stufe gehen können. Dort wirst du in der Zukunft sowie in der Vergangenheit, also in der Gleichzeitigkeit sein. Durch die lineare Zeit auf der Erde hast du einen Beginn und ein Ende, dies ist das Prinzip der Endlichkeit, die Garantie der Endlichkeit. Die Garantie, dass das menschliche Dasein auf Erden befristet ist, da ein Anfang und ein Ende gesetzt wurde. Das ist die Garantie für ein befristetes Dasein.

Wenn du mit deinen Gedanken nur im Ziel bist, so bist du ständig am Ende und jedes Ende ist ein Neubeginn. Es sind Gedankenmodelle geistig höherer Warte, die in die Erde implantiert sind. Hier beginnt die Schwierigkeit. Sie beginnt beim denkenden Umsetzen. Wähne dich in Gedanken auf dem Wege im Ziel. Auf dem Weg bedeutet: lebe die Erfüllung im Jetzt. Transportiere nicht das Ziel, als Gedankenmuster der Zeit, sondern die Erfüllung ins Jetzt. Die Erfüllung ist aus Addition des Gestern mit dem Jetzt - Morgen. Genau dies Morgen bringe ins Jetzt.
Wie eine Dreisatzaufgabe aus deiner Mathematik.

*Y*Y*Y*Y*Y*Y*Y*Y*Y*Y*Y*Y*Y*Y*Y*Y*Y*Y*Y*Y*

Kann man durch die Verminderung, Verkleinerung der Erdanziehungskraft die Zeitkomponente umgehen?

Nein. Im Einzelnen, ja, in der Theorie fruchtbar, aber in der Gesamtheit der Erde NEIN. Die Erdanziehung wird sich durch Erwärmung des Planeten ohnehin verändern. Diese Wissenschaftler formen über spirituelle Intellektualität den Aufstieg der Erde nach. Sie können das Prinzip erkennen, um es zu nutzen. Aber um es für diesen Planeten einzurichten reichen ihre Kräfte nicht. Im Kern sind sie auf dem richtigen Weg, da sich die Zeitschiene so bewegt, das heißt, so ist eine Beschleunigung des Zeitfaktors möglich. Nur kann es im Moment auf der Erde so noch nicht umgesetzt werden, da die Erde damit noch nicht einhergeht. In Tausenden von Jahren wird dies möglich sein, da sich dann die Frequenz verändert hat. Im Moment kooperiert es noch nicht. Im Kern haben sie geistiges Wissen, das Wissen um die Zeitkraft. Mehr denn je wird sich die Erde von der Zeitschiene lösen, da sie in der Wandlung ist, im Wachstum von der Dualität in die Trinität. In Tausenden von Jahren muss es so sein, wie sie beginnen, es anzudenken, da die Erde beginnt, in eine höhere Energieebene einzufließen.

Mutter / Kind

Kinder werden in unseren Gesellschaften in meinen Augen viel zu wenig gewürdigt. geachtet und unterstützt. Könntest du zur Rolle der Kinder in der Zukunft etwas sagen?

Je weiter die Menschheit in ihrer geistigen Entwicklung voran schreitet, umso mehr werden sie erkennen, dass, wenn der Gedanke der Reinkarnation im Leben integriert ist, das Kind eben der Großvater der Vergangenheit ist. Dann wird Respekt entstehen. Solange der Gedanke der Reinkarnation eliminiert, ist kann das nicht erfolgen. So ist die Frage zu stellen, warum ist in deinem weltlichen System der Gedanke der Reinkarnation eliminiert? Vielleicht, damit du als Erwachsener immer Wissender bist, und dass so die Wiedergeburt eines Wissenden ausgeschlossen ist. Schau, es hat mit Macht zu tun, um an der Macht zu bleiben. Das System gelingt dann, wenn es sich die Macht lässt. Wenn sich in deiner Lebenswelt die Frage einer Wiedergeburt eines hohen Meisters nicht stellt, so wird in deiner Kultur das Kind niemals vom System verehrt werden. So werden auch die Alten in deiner Kultur verschmäht, da sie denn gehen könnten, um mit der Summe ihres Wissens neu zu inkarnieren. Dies System gilt es zu verändern, dann wirst du im Gelingen sein.

Die Frage nach der Erziehung ist eine Frage nach Anstand, Respekt und Anerkennung gelebter Leben. Es ist eine völlige Veränderung der Religiosität und der religiösen Leben auf der Erde. In deiner Religion wurde der Gedanke der Reinkarnation eliminiert. Wenn es den Menschen wieder bewusst ist, wird dieser wieder eingeführt. Das Spiel läuft. Sie werden dann erkennen, dass es läuft und sich Gedanken machen, wenn sie wiederkommen. *Symbolisch erkenne ich (WK) das Jesuskind, das augenscheinlich als Meister geboren wurde.*

Also sollten wir hier unsere religiösen Vorstellungen verändern.

Es ist die Veränderung der religiösen und philosophischen Betrachtungsweisen. Wenn sich in der Religion die Herzen öffnen, wird Friede einkehren. Dann werden die Veränderungen stattfinden, damit das System in den Fluss kommt. Noch unterliegt dieses System der Macht, ein Machtsystem. Stelle dir einmal vor, ein Einstein wird wiedergeboren und du bringst ihm Mathematik bei. Oder stelle dir vor ein Papst wird wiedergeboren und du brächtest ihm die Religion der Orthodoxen bei. Blasphemische Gedanken in der Machtstruktur heutiger Zeit. Sollte dieser Einstein neu geboren sein wird er mit Sicherheit einen anderen Schwerpunkt erleben. So wird er vielleicht ein Einstein in Richtung der Biologie sein, um das körperliche Empfinden mit einzubeziehen.

Du sprachst bereits von der Öffnung der Herzen. Ist das auch für die Kinder die Zone, der Raum, nämlich Liebe, in dem man am besten lernen kann?

Der Raum des Herzens ist gut zum Lernen. Hier wird Stärke gestärkt. Versucht nicht, Schwäche durch Qual zu beheben. Wenn du in einem Bereich deines Lebens Schwäche zeigen solltest, könntest du doch einmal erwägen diesen Raum überhaupt nicht zu leben. Das bedeutet in der ☺ Domäne der Frau zu bleiben und als Mann das Kinderkriegen erst gar nicht zu versuchen. Oder, warum quälst du dich als musischer Mensch mit der Mathematik ab, wenn es doch gar nicht in deiner Welt liegt. Ihr solltet endlich in die Struktur eurer lichten Felder gehen und erkennen, welche Mechanismen euch verschlossen sind oder welche dadurch zu öffnen sind. Eure Energiefelder – da sind die Potentiale verhangen oder angehoben.

Ist das ein Plädoyer gegen die Allgemeinbildung?

Nein, kein Plädoyer gegen die Bildung, sondern es ist für die Optimierung der Bildung.

Also Spezialistentum?

Es ist die Optimierung der Bildung, das Leben aus deinem Potenzial. Die Menschen sollten die Natur betrachten: Das heißt das Tun in der Symbiose des Ganzen, da tun, wozu sie fähig sind. Aus der Kiefer kann keine Tanne werden. Ein Wald besteht aus allem.
Das eine ist für das Andere unabdingbar. Wenn ihr das erkennt, werdet ihr darin schwelgen. Systematisiertes Denken. Das bedeutet im Einzelfall, die Bildung im Allgemeinen durchaus zu fördern. Warum muss in der Schule manches Hauptfach sein? Für einen Geologen mag Gesteinskunde wichtig sein, aber niemals ist dies Hauptfach in der Schule für alle wichtig, obwohl es doch für den Geologen lebensnotwendig ist. Um es vorsichtig zu formulieren; Spezialistentum JA, Fachidiotie NEIN, sondern das Leben, wie in einem harmonischem Wald.

Können die Kinder der Zukunft das benötigte Wissen aus ihrer vorherigen Inkarnation schöpfen?

Darum geht es eben: wenn Du deine Stärken lebst, bist du in Erfüllung. Je leichter du zu leben vermagst, desto leichter kannst du voran schreiten und auch die anderen in ihrer Erfüllung akzeptieren.
Wenn dein Herz erfüllt ist, sind für dich Gram und Groll weit entfernt. So lebst du leichter. Diese Thematik ist jedoch schwierig und irdisch noch schwer umzusetzen. Doch zukünftig wird es nur in dieser Richtung gehen können. Da das Energievolumen der Menschen ansteigt, sind sie in der Lage über ihre Horizonte hinaus blicken zu können. Solltest du in der dir eigenen Medialität die Befähigung, haben deine Energiefelder zu betrachten wirst du sehr wohl auf das kosmische Wissen allen Seins zurückgreifen können, um von dort mehr denn je auf

deinem Weg zu integrieren. Deswegen Spezialistentum, da dann ein Einstein sein mathematisches Wissen aus den lichten Strukturen aktivieren kann. Dann wird sich niemand mehr darüber wundern, warum Wunderkinder geboren werden, da sie in die Fähigkeit ihrer Kompetenz greifen.

Das heißt eigentlich sollte in der Schule Sensitivitätstraining ein Hauptfach sein?

Die Übung der Sensitivität in Schulen als Hauptfach wird dann eingeführt werden, wenn sich eure Forscher, und das könnte ein Einstein sein, der sich mit der Biologie beschäftigt, sein mathematisch-physikalisches Wissen der alten Zeit im heutigen Jetzt manifestiert. Wenn sich ein Einstein mit den Menschen beschäftigt, wird er übergreifend die Sensitivität schätzen lernen. Sollte er dann noch ein Leben als Frau führen wird er von der männlichen Dominanz abrücken können, um sensitiv lehrend zu sein. Bislang ist dies verwehrt, da die männliche Macht dies weibliche Spielfeld nicht aktiviert. So kann das Leben zB eines Einsteins bis in 4 Inkarnationen sehr wohl effektiv und steuernd für die Erde sein.

Es gibt gerade viele Jugendliche, die völlig hoffnungslos sind, selbstmordgefährdet, ohnmächtig. Gibt es dafür auch eine kosmische Ursache?

Der Weg dieser Kinder ist oft weit hergeholt. So sind es Wesen, die auf ihren Wegen die Erde streifen, um sich dort zu verschnaufen. Um auszuatmen und um in dieser Pause der Erde hilfreich und behilflich zu sein. So sind es Inkarnationen, in denen Lücken sind, und diese Wesen können in den Geist blicken. Es ist vielschichtig. Die Todessehnsucht ist oft auch dadurch begründet, dass das geistige Volumen das Irdische überschattet. Dieser Schatten wird als Kälte empfunden, wo der Geist doch die Wärme braucht. Manche Gehirnschaltungen, Synapsen sind so miteinander verbunden, dass sie dem Irdischem nicht angepasst sind. Du musst erkennen, dass der Zeitenweg, die irdische Entwicklung, eine fließende Entwicklung ist und diese Seelenwesen aus fließenden Verbindungen ihres Selbst in die Erde eintreten. Oftmals sind die Schaltvorgänge des Geistes der Erde noch voraus und diese Wesen sind im guten Glauben, dass es schon gelingen könnte/ werde. Dies kann die Ursache für diese Problematik sein. Daher ist für sie diese Erde oft unwirklich oder auch unwirtlich.

Wie könnten Eltern damit umgehen?

Die Fähigkeit der Eltern ist oft eingeschränkt, da diese Wesen häufig ein Erdfeld wählen um inkarnieren zu können. So sind diese Eltern häufig nicht in der höheren geistigen Substanz, um dies zu verstehen. Andere Eltern wiederum sollte man schulen, damit sie fühlen, wenn sich solche Kinder ankündigen. Hätten diese Eltern den Blick durch Sensibilisierung im Geiste, in ihrem Energiefeld, gäbe es das Problem nicht. Da das gesamte System dem jedoch entgegensteht, ist diese Problematik im Moment besonders groß und durch die Zeitenwende unvermeidbar. Diese Kinder sind die Waldläufer, die in der Neubesiedlung des Planeten sind. Da der Planet der Erde sich von der Dualität zur Trinität entwickelt wird die Erde auch von höher schwingenderen Wesen bewohnt sein. Es sind fließende Übergänge, die kosmisch kein Problem darstellen.

Bringen diese Waldläufer eine höhere Energie mit, die dann wie Samen hier bleiben?

Sie bringen ein höheres Energiefeld. Das bedeutet, die Gitterstruktur der Erde wird vom Geist selbst bearbeitet und gesteuert, jedoch auch irdisch zementiert. So sind diese Wesen dazu da das Energiefeld praktisch auf der Erde zu implantieren. Praktisch die Nerven der Erde zu sensibilisieren. Daher setzen sie sich auch gegen Stromschwankungen, TV Wellen, Elektrosmog zur Wehr und im Schulsystem, wo die Erdwellen der Vergangenheit und die tiefen Schwingungen vorherrschen, haben sie ihre Probleme. Hier finden die Transformationsprozesse statt. Das sind energetische Überlebenskriege und so tun sie sich nicht leicht und gehen mitunter wieder. Kosmisch ist dies in einer völligen Ordnung lediglich in deiner irdischen Betrachtung vermagst du dies Ungleichgewicht zu erkennen und deshalb stößt es dir bitter auf, doch kosmisch ist es unvermeidbar. Erinnere dich, wenn sie gehen sollten, sterben sie im Geiste lachend. Sie schlüpfen in eine körperliche Rolle, um eben ihren Dienst zu tun. Habe ich, Maria Magdalena, nicht das Gleiche getan? Hat
nicht der Geist einen Körper geformt, um zu handeln? Und dann wurde dieser Körper wieder in den Geist zurück geformt, da die Handlung vollbracht war.

Welche Rolle spielen zukünftig Rohstoffe, Metalle, Gold und Silber etc?

Rohstoffe werden immer wichtiger. Wasser wird das kostbarste Element werden, da die Menschen sich immer mehr der lichten Struktur nähern. Daher werden die Nahrungsmittel bedeutungsloser und die Natur selbst wird immer wichtiger, da der Körper immer mehr in der Lage ist, die natürlichen Stoffe aufzunehmen. Die Naturrohstoffe werden immens an Bedeutung gewinnen.

Wenn dem Menschen klar ist, dass Wasser das Wichtigste ist, werden sie anfangen, es schützen zu wollen, bevor es versandet.

Versandet es jetzt bei der Erderwärmung, die ja zu einer Eiszeit führen soll? Kommt es dazu?

Ja. Das wird dich aber nicht mehr kümmern. Da hast du den Planeten schon längst verlassen. Was in Tausenden von Jahren auf der Erde ist, wird dein Energiefeld nicht mehr streifen.

Wie können wir Menschen den Übergang so sanft wie möglich gestalten?

Die Erde ist ein schwingender Planet, die Erde wird *in ihre Schwingung übergehen.* Je sanfter du bist, desto unsanfter wirst du es empfinden. Erde dich und beginne mehr mit der Erde zu sein, damit die Schwingung des Planeten dich nicht umwirft. Es ist gerade das Problem derer, die gerade frisch auf die Erde kommen und hier noch nicht so oft inkarniert waren. Durch Erdung selbst und Erdhaftigkeit kann der Übergang schonend sein. Also kümmere dich um deinen Übergang, da du mittels deines Energiefeldes die anderen mit ziehst. Je schonender es für dich ist, desto mehr Ressourcen setzt du frei, mit denen du anderen behilflich sein kannst. Also suche einen leichten Weg für dich. Denn, wenn es für dich beschwerlich ist, vermag deine Kraft nicht auszureichen.

So ist eine lockere Betrachtungsweise des Lebens durchaus förderlich.

Die Neurokardiologen bezeichnen in Zwischenzeit das Herz schon als das 5. Gehirn, das eine bedeutende

Rolle hat. Welche Rolle spielt das Herz, das Organ, aus der kosmischen Sicht?

Das Organ des Herzens ist die pumpende Bewegung der göttlichen Kraft. So ist das Herz der Ursprung der Kraft, vergleichbar mit dem Vulkan im Erdinneren. Die Erde kann in Herzform sein, doch die Kraft ist dem Herzen inne. Es ist ein Steuerungsmechanismus der Lebenskraft, gleich dem Kraftfeld im Inneren der Erde. Da ein jedes Organ beseelt ist, ist das Herz ebenfalls von einem kosmischen Energiefeld durchzogen. Selbstverständlich ist kosmische Energie im Herzen vorhanden, und so auch die kosmische Intelligenz. In jeder Fingerspitze steckt diese kosmische Energie. Das Herz ist in einem kosmischen Energiefeld und so mit kosmischer Energie ausgestattet. Daher ist das Herz durchaus Gehirn, Leber, Niere usw. auch sie sind Herz. So fließt die Last, die du abbaust, oftmals durch diese Organe und so sind die Leberwerte oft dann verändert, wenn Last abgebaut wird. Man könnte meinen, dass die Last heraus gespült wird, dies ist jedoch nicht so. Da hier durch das kosmische Energiefeld die Last nochmals zerkaut wird. Mit dem Herzen ist es ähnlich, Herzschmerz.

Wie nimmst du, Wolfgang Kremling, Maria Magdalena wahr?

Zuerst kommt die göttliche Kraft, als Ball, als Sonne, göttliche Kraft kommt rot-gelb schwingend, aus diesem rot-gelben lösen sich 2 Energiebänder, Energiefelder, werden wahr, durch tiefere Schwingungen erkennt man aus dem hohen schwingenden Feld 2 schwingende Felder, das eine zeigt sich links das andere rechts. Die Farben zeigen sich im Moment rot und gelb. Dann mischt es sich ins orangene. Das Orangene, das ist interessant, fließt sofort ins Sonnengeflecht, da es ins Sonnengeflecht

geht, handelt es sich um Beseelung, d.h. das Göttliche formt mit der Seelenkraft das linke, weibliche Kraftfeld und das rechte, männliche. Es formt also dies Standbein dass man sich dann in Bewegung versetzen kann. Dann zeigt sich diese Kraft der Maria, als weibliche Bewegungskraft, und aus dieser Kraft kommt die Maria Magdalena heraus.
Im Göttlichen erkenne ich die Kräfte gelb und rot, sobald sie durch diesen Beseelungsaspekt fließen kann ich nicht mehr unterscheiden ob Maria und dann Maria Magdalena gelb oder rot ist.
Es fließt aus der Marienkraft heraus.

Spielen Silber und Gold eine Rolle?

Ja, das hat mit Wissen zu tun. Kosmisches Wissen ist goldgelb.
Silberweiß ist mehr die ausführende Kraft.
(siehe mein schlaues Buch…WK)[18]

Gibt es heute ein angemessenes Bild, das wir uns hier von dir Maria Magdalena machen könnten? Klang, Farben..etc??

Ja, und dieses kommt der göttlichen Schwingung gleich, da ich im Kern aus dieser geschaffen bin. Die Frage ist aus deinem irdischen Gehirn gepresst, das bedeutet wenn du dir ein Bildnis meines Selbst verschaffen möchtest, schaue dich in deinem jetzigen Entwicklungszustand an – presse dein Gesicht gegen eine Scheibe- das ist nur eine Momentaufnahme. Das Bildnis meines JETZT wird

---

[18] Die göttliche Lichtstruktur, Wolfgang Kremling; ARAMIS VERLAG, Stuttgart, 2005; ISBN 987-3-939590-00-2

morgen nicht mehr gültig sein. Die Bildnisse eures Selbst, Fotographien, sind Zeugnisse des Gestern, die morgen nicht sind. Zeitentwicklung. So gibt es kosmisch keine Sprache, keine Worte. Worte sind irdischer Natur. Du kannst dir sehr wohl eine Farbe und Form vorstellen, jedoch entspricht die nur deiner Empfindung. Diese ganze Symbolik usw. entspricht deiner Empfindung, deinem Geschmack und dem der anderen, die das auch gerne hören, aber für andere
Tausend hat es keine Bedeutung. Daher ist auch die Symbolik des Heilens wirr. Wirr heißt, dass es nicht für jeden passen muss. Andere Energiefelder und Energiestrukturen.

Maria Magdalena, wie können wir uns dir nähern, mit dir in Kontakt treten?

Die Programmierung der Maria Magdalena zeigt man im Brustbereich, tatsächlich die originäre Brust, Herz, direkt am Herzen.
Wenn wir mit Himmel und Erde in Verbindung sind, sind wir, mit den Füßen (Körper) in der Erde mit dem Scheitel (Geist) im Himmel geerdet, dann ist der Solarplexus (Seele) aktiv, daher diese orange Beseelungskraft des Göttlichen.

Wenn jemand mit dir, Maria Magdalena, in Verbindung treten will, ist es dann am besten seine eigenen Rituale und Symbole zu finden?

Es kann nur so sein, dass dies jeder einzeln für sich entscheidet. Da aber der Mensch Vorgaben braucht, da er immer noch am Tropf hängt, lässt er sich immer noch gerne etwas (von anderen) vormachen oder vorzeigen. Erkenne, dass du Im Kern selbst immer mit mir bist, da der Kontakt mit mir immer über den Herzensweg geht.

Das ist das Tor in die Unendlichkeit. Und genau hier zweifelt ihr. Bitte die Petruskraft dir zu helfen. Er hilft dir das Herz zu öffnen, Petrus ist eine Herz öffnende Energie.

Babadschij, der Haidakan Baba, die Inkarnation Shivas, lebt angeblich schon seit tausenden von Jahren immer wieder erneut in Abständen unter uns, erscheint, ohne geboren zu werden immer wieder hier in (s)einem Körper?

Dies ist Seelentausch, die stille Einkehr in ein Körpergebilde.

Hat das St. Germain auch gemacht?

Ja, er konnte dies. Dies ist die stille Einkehr in ein Körpergebilde.

Lässt ein Körper dies zu?

Der Körper lässt es zu, nein, er lässt es „sein". Er lässt es ein Geschehnis sein. Die fremde Kraft kann sich so mittels eines Seelentausches neu beseelen, aber das ist schwierig.

Stell dir einen Körper in einem komaähnlichen Zustand vor. Die Neubeseelung eines Körpers ist hier nahezu vollständig möglich. Erkenne, dass Organe auch beseelt sind. Wenn du ein Herz tauschst, wirst du das Herz, die Organseele des fremden Spenders tragen, fühlen oder spüren. Das ist heute bekannt. Wenn du Blut tauschst, wirst du das Blut der Spender fühlen. Das ist wie eine neue Beseelung.

St. Germain und Babadschij verschaffen sich Zutritt zu Körpern von hoher Qualität. Körper die in der Lage sind, die andere Seelenkraft adäquat zu tragen. Das sind Duplizitäten. Es ist unstrittig, dass Babadschij mindestens 5000 Jahre alt ist. Nur ist er auf der Erde gar nicht vorhanden. Er ist eine gespiegelte Wirklichkeit, die gespiegelte Wahrheit eines anderen Sonnensystems. So kann er inkarnieren. So ist eine Verkörperung, gleich einer Manifestation, möglich. Das heißt, er beeinflusst, im Wirrwarr aller Körpergebilde, einen Körper, der zur Inkarnation auf Erden bestimmt ist. Es ist der Einfluss auf einen Körper, der zur Inkarnation auf Erden bestimmt ist oder bestimmt war und eben diesem Zweck dient.

Das heißt, die dir bekannten Wesenheiten, Seelenwesenheiten, sind gar nicht irdischer Natur. Sie sind keine außerirdischen Marsmenschen, aber sie sind gespiegelte Wirklichkeit.
So ist es möglich auf der Erde zu leben. Das Zeitgefüge wird umgangen. Es sind keine Supermänner des 20. Jahrhunderts, es sind gespiegelte Wirklichkeiten, gespiegelte Wahrheiten aus anderen gespiegelten Welten, in Richtung der Erde. So ist ein Überleben auf Erden möglich, da das Zeitgebilde der Erde verschoben ist. Ein Jahr Spiegelwelt mögen 20 Jahre Erde sein. Aber wenn ein Körper beseelt wird, sind die Erscheinungen immer nur von kurzer Dauer, da ein Jahr Spiegelwelt, 20, 50 oder 100 Jahre Erdenzeit sind. Sie können sich im Angesicht deines Blickes nicht so lange halten. Es sind Wesen, die aus gespiegelten Welten die Erde im Spiegel ihres Seins dupliziert betreten. Man könnte sagen, dass es hohe Meister sind, die in der Lage sind, an verschiedenen Orten zu entstehen. Es sind jedoch keine weltlichen Geschöpfe, im Sinne deines Körpers. Es sind keine übermächtigen, aufgestiegenen Meister.

Nehme sie, wie eingangs beschrieben, nicht als Menschen wahr. Versetze sie in den Stand eines Engels und dann wirst du erkennen, dass sie wahrhaftig schon in der Lage sind, in deinem Blick engelgleich zu wirken. Im Kern sind es universelle Seelenwesen, die auf anderen Gestirnen, in gespiegelten Universen, im Stande sind, Meisterliches zu tun.

Es sind einige wenige Auserwählte, die ihre Fähigkeit zum Wohl ihres Selbst einsetzen dürfen. Hierzu materialisieren sie sich körpergleich oder verwenden einen Menschen, wenn er zu diesem Zweck inkarniert ist. Sie können schwer gänzlich, komplett auf einen menschlichen Körper Einfluss nehmen und schwer einfliessen, da die Körperstruktur zu grob und zu roh ist. So ist es ihnen jedoch möglich in Teilen und Ausschnitten ihres Selbst, durchaus einer menschlichen Beseelung beizuwohnen.

Könnte es stimmen, dass sich Babadschij in den nächsten Jahren in der Schweiz zeigt, inkarniert?

Es ist möglich, wenn die Gedanken diesem Ereignis entgegen ziehen. Die, die diesem Ereignis entgegen sehen, bilden…..es ist durch Gruppenbeseelung möglich. Das ist die Antwort. Durch Gruppenbeseelung ist dies möglich. Ja, es wird erfolgen. Durch Gruppenbeseelung. Die, die dem entgegen hoffen, sind schon in Teilen ihres Selbst mit Babadschij beseelt, und bilden den Rahmen dieses feierlichen Ereignisses. In Bildern ist dies den Sehern dieses Ereignisses schon vorausgeeilt.

Also hat die Seele des Spiegelwesens schon Bilder geschickt, dass es kommt, und hunderte die darauf warten, bilden den Rahmen, das heißt, sie bilden praktisch die Einflugschneise.

Ist Babadschij ein hohes Wesen, das die Schwingung der Erde erhöht?

Ein St. Germain oder ein Babadschij in männlicher Gestalt, sollte euch aber langsam zum Nachdenken bringen.

Uns Frauen ?

Den weiblichen Aspekt, zum Nachdenken bringen.

Aber den weiblichen Aspekt gibt es doch auch als Meister, als Meisterinnen, ich denke zB an Amma, Mutter Mira etc…

Es geht darum den weiblichen Aspekt aufzudecken. Der weibliche Aspekt ist zugedeckt.
Im Ritual vergangener Jahrhunderte bedeckte er sich selbst. Jetzt ist die Zeit des Aufdeckens gekommen. Warum sollte den männlichen Aspekten das Reisen über Jahrhunderte, das Verlassen von Spiegelwelten, das Sichspiegeln möglich sein? Ihr sprecht nur von Männern, von den männlichen Aspekten, da ihr es Jahrtausende geübt habt.
Ein Kryon, schon der Name sollte euch wundern, aufrütteln. Bitte verzeihe diese Impertinenz, kann (☺ ☺ ☺) doch ein Kryon so nur einem Mann erscheinen. Gottvater, Gottsohn, wo sind die Mütter und die Töchter, wach werden solltet ihr. Deswegen sind sie hier.

Im Kultfilm Matrix ist die weibliche Hauptrolle Trinity. Sie „ errettet “ ihren Geliebten Neo allein durch ihren Glauben. Ist die Figur deiner Energie nachempfunden? Könnte sie als neuer Mythos für uns wichtig sein?

In der Technisierung der Welt könntest du diese Figur als Mythos nutzen, hättest jedoch in der Ansammlung von Jahren eine mythische Gestalt gleich schamanischer Prinzipien. Heute mag es nützlich sein, morgen verwerflich. Da sich die Zeiten verändern, ist es nicht von Nöten. Es war nicht die Kraft der Liebe, sondern die Kraft des Geistes.
Ein göttliches Funktionsprinzip, Leben geben und Leben nehmen. Sie hat irdisch geliebt und das Tor zur Unendlichkeit geöffnet, so konnte das Göttliche wirken. Durch den Tod desselben, Neo, fand eine Dematerialisierung statt, die Seele hat sich aus dem Körper bewegt. Toröffnung, Geist wirkt, durch den Einfluss in den äußersten Empfindungsspitzen, schlichtweg hat Beseelung wieder statt gefunden, Materialisation.

Warum geschieht durch Heilung oft kein Heil?

Weil das eine nicht mit dem anderen verknüpft ist!
Die Stärkung des weiblichen Aspektes dient dazu, dass das Weibliche mit dem Männlichen einhergeht *(gleichzieht, in der Paralellität, in der Gleichwertigkeit, im Ausgleich ist*). Die Stärkung des Heils (der Gesundheit) dient dazu, dass Heil (Gesundheit) sei, wenn das Heil (die Gesundheit) mit dem Unheil (der Krankheit) einhergeht. *(Die Stärkung der Gesundheit dient dazu, dass Gesundheit dann sein darf, wenn beide: Krankheit und Gesundheit sein dürfen und der Mensch dies in der Paralellität und Neutralität annehmen kann)*
Daher ist auf der Erde kein Heil (keine Gesundung), wenn der zu Heilende, oder der Heiler, das Unheil ausschließt.

Der Mann hat sich Zeit seines Lebens seinem weiblichem Aspekt verschlossen, sowie sich die Frau häufig dem männlichen Aspekt verschlossen hat. Ein Brustkrebs, verzeihe mir, entsteht, wenn die linke Seite des Herzens in der Kälte liegt, im Unheil ist. Diese Krankheit kann durch die Kälte entstehen und durch die Annahme kann Heil(ung) erfolgen. Wenn du das Heil(en) annimmst solltest du das Unheil (die Krankheit) ebenfalls annehmen. Wenn du auf dieser Erde hier Licht annimmst, solltest du den Schatten hier ebenfalls annehmen.

ÜBUNGEN

Übung 1

Wenn alles Gott ist, wenn alles erschaffen ist, ist ein unendliches Energiefeld erschaffen. Darin schwingt die Erde, so wie du darin schwingst. Ein ständiges Auf und Ab mit der Erde als Ball; inmitten dieses Energiefeldes.

Die linke Körperseite ist bei Mann und Frau die weibliche Herzseite. Gehe in einer Übung mental in deine linke Fußsohle. Über die Reflexfelder ist darin dein Körper abgebildet. Du stehst auf der Erde und atmest durch die Fußsohlen, mit dem linken Fuß mütterliche oder weibliche Kraft ein. Mit jedem Atemzug atmest du weibliche Kraft ein.

Fühle dich dann in die rechte Körperseite, die männliche Seite ein und atme über die rechte Fußsohle des rechten Beines väterliche Kraft ein. Mit jedem Atemzug atme männliche Kraft ein. Fühle Kraft. Kraft, die in dir aufsteigt, wenn du dich ihr öffnest.

Du bist Mann und Frau, du lebst als Mann oder Frau. Oft musst du dein Frau-Sein hinnehmen, um das Mann-Sein anzunehmen und umgekehrt.

Der Weg von der Erde ist ins Licht und darüber hinaus in die Sonne selbst. Wenn du das hinnimmst, um das andere anzunehmen, überwindest du dich selbst. Wie oft hast du dich schon überwunden? Wie oft ging es bei dir bergauf und wie oft warst du über dem Berg und gingst wieder ins Tal? Wie oft willst du noch bergauf, vor allem wohin willst du? Ist dir diese Kletterei nicht müßig? Dies ständige sich selbst überwinden?

Atme über deine linke Seite dies Weibliche ein und atme über die rechte Seite dies Männliche ein. Spüre die Kraft, wenn du sie annimmst. Erfühle das Gleichmaß dieser Kraft links und rechts. Lasse diese Kraft gleichmäßig in dir emporsteigen, über Waden, Schenkel, Gesäß, Unterleib, durch den Hals bis in dein Haupt.

Über deine Nase atme die Kraft in dein Gehirn. Eine Gehirnhälfte ist die Kammer für die weibliche Kraft, dein intuitives, konstruktives, künstlerisches Denken. Dann gebe der männlichen Kraft Platz in der anderen Kammer der Gehirnhälfte, das pragmatische, mathematische, das gerade, ein eher hartes Denken.

Dein Gehirn, steht sich selbst gegenüber. Getrennt denkend wie zwei Länder mit ihren Ideologien. Dazwischen die trennende Grenze.

Die Trennung deines Gehirns ist die Lähmung in deinem Sein.

Du lahmst. Du lahmst als Frau, wenn du dich deinem Mann näherst, da er sich nicht bewegt und du ihn ziehst und umgekehrt. Wenn du andere ziehst, bist du immer lahm. Wenn du als Mutter oder Vater deine Kinder bis ins hohe Alter ziehst, lähmt es dich.

Warum ziehst du? Bist du stur, geradlinig oder nur im männlichen Aspekt verhaftet? Ziehst du weil du vermeintlich flexibel und wohlwollend im weiblichen Aspekt verhaftet bist?

So zieht der Mann die Frau, und die Frau den Mann. Oft weht dir im Leben dadurch ein kühler Wind um die Ohren. Die Trennung ist es. Die Einseitigkeit.

Gab einst der Schöpfer dem Adam die Eva, so ist es nun and der Zeit aus dieser Bewegung der Getrenntheit von Mann und Frau aus dem Paradies hinaus - wieder in die Bewegung des Paradieses zu gehen und die Trennung aufzuheben.

Dies bedeutet in einem ersten Schritt die Trennung nicht aufzuheben sondern sich der Trennung zu öffnen. Der Trennung öffnen? Der Trennung offen sein, damit die Trennung mit einer Öffnung ist. Die Öffnung öffnen...ein Prozess.

Übung 2

Gehe mental in dein Gehirn und öffne die Trennung beider Gehirnhälften, indem du wie mit einem Reißverschluss diese Trennung aufziehst, dass sie offen ist. Die Trennung öffnen.
Öffne von der Stirn über den Scheitel, dem Nacken langsam über die Wirbelsäule wie mit einem Reißverschluss, dass du offen bist. Gehe dann über den Unterkörper auf die Vorderseite des Körpers und öffne dich komplett bis hinauf zur Stirn. Atme dabei.

„Ich öffne mich, mir selbst.“

Wenn du nun offen bist, beginne das körperliche Energiefeld links in das körperliche Energiefeld rechts, und das Energiefeld rechts in das Energiefeld links fließen zu lassen. Gebe dich dabei ganz frei. Schwappe in dir ineinander über.

Gedanken verschmelzen, Körperschwingungen verschmelzen. Die Vereinigung in dir, mit dir. Eine Vorstufe tantrischer Leidenschaft, bis hin zu einem vereinigten Chakra.

Wolltest du jetzt in diesem Zustand vereinigten Glücks einen Berg erklimmen? Wolltest du jetzt in der Dualität, im Erdfeld, dem du angehörst und dessen Energie du fühlst, auf und ab schwingen? Es geht bergauf, bald bist du über dem Berg. Was ist hinter dem Berg? Fällst du ins Tal? Gehst du wieder hinab? Wie lange noch wählst du den Bergweg? Wie lange warst du schon in einem Bergwerk, unter Tage, im Schatten?
Wann kommst du ins Licht?

Wenn dies Männliche sich mit dem Weiblichen vermischt und das Weibliche ins Männliche überschwappt, dann atmest du auf, da die Trennung als Ursache allen Übels entfällt.

Dem öffne dich und du beginnst hinter den Horizont zu sehen. Weit über dir ist Licht, du stehst davor, von der Dualität in die Trinität zu wandeln, oder von einer vierten in eine fünfte Dimension.

Trinität oder fünfte Dimension: willst du weiter auf einem Gipfel stehen? Du stehst davor! Wovor? Vor der

Weite des Universums. Sehe in einer weiteren mentalen Übung in der Ferne den Horizont, dahinter die Weite der Unendlichkeit. Geist ist Schwingung, siehst du Berge? Möchtest du in größerer Bequemlichkeit auf eine Ebene gehen?

Öffne dich neuem Denken und lasse bewusst die linke Gehirnkammer in die rechte Gehirnkammer fließen, und umgekehrt. Fließe dadurch in die Weite ein, in eine perspektivisch weite Energiedichte.

Wenn du in deinem dualen Denken meinst, Gott ist zur Erde abgestiegen, wie einst dieser gefallene Engel Luzifer, so meint das duale Denken auch, du musst wieder aufsteigen.
Geist ist Schwingung. Meinst du, du steigst auf indem du Berge erklimmst? Schwinge dich auf. Steige im Geist durch Geist. Öffne dich.

Übung 3

Fließe in die Länge eines Berges und nicht in dessen Höhe. Projiziere den Berg durch die Vermengung deiner Gedanken auf eine Ebene. Atme dabei entspannt.

Weit über dir ist Licht. Projiziere dieses Licht in die Ferne, wie eine Gerade. Gehe in den Raum.

Gehe in den Raum wie in einen Nebel. Erschaffe dir so im Geist, zum Auf und Ab der Dualität, den Raum einer neuen Ebene. Die Trinität erreichst du im und durch Geist.

In dieser Ebene sehe dich stehen. „Schaue über dich hinweg", überwinde dich.

Weit schaue über dich in einer Horizontalen hinweg, wie in einen Nebel (kosmischer Nebel, aus dem alles ist). Atme dich in die Ferne.

Strecke deine rechte, männliche Krafthand in die Ferne, strecke die linke, weibliche Hand in die Ferne. Sieh, du überwindest dich nicht mehr, du bist Mann und Frau jetzt, Eins.

Je mehr du mit dir eins bist, schwingst du in der Schwingung des Universums, in dieser morphogenetischen Ebene mit.

Nun bist du in der Schwingung des Geistes. Du überwindest dich nicht. Du schwingst als Mann und Frau zugleich. Du bist das Schwingen im und mit dem Geist. Du schwingst mit, ohne Erwartung, ohne Wunsch, wie es ist. Weite fühle in der Wirbelsäule, du schwingst mit, du schwingst in der Ruhe des Geistes mit.

Wenn dein Gehirn ohne Trennung ist, wenn der Gedanke aus der Einseitigkeit des männlichen und weiblichen ist, schwingst du in die Einheit des Geistes, du beginnst in diesem Punkt durch Verschmelzung Eins zu sein.

Einswerdung.

Literatur

Tom Kenyon, Judi Sion, Das Manuskript der Magdalena, KOHA Verlag, Burgrain, 2002

Wolfgang Kremling, Dorothea J. May, Die weibliche Matrix, Maria spricht,
BoD Verlag, Norderstedt 2007

Wolfgang Kremling, Die göttliche Lichtstruktur, Aramis Verlag Stuttgart, 2004

Dr. Christiane May-Ropers , Balance, Bewegung aus der Mitte, Junfermann Verlag, Paderborn, 2002

Roland Ropers, Bede Griffith, Eine Welt, Eine Menschheit, Eine Religion, Sheema Medien Verlag, Wasserburg 2007

Ph.D.William A. Tiller,emeritierter Physik prof. Stanford University, „ Science and Human Transformation", Subtle Energies, Intentionality & Consciousness, 1998

Fritjof Capra, Das Neue Denken, Physiker, Scherz Verlag, München, 1987

Ulrich Warnke, Gehirn-Magie, der Zauber unserer Umwelt, Saarbrücken 1998, Popular Academic Verlagsgesellschaft

Peggy Dubro, David Lapierre, Potenziale der inneren Kraft, KOHA Verlag; Burgrain, 2002

Prof. T.E. Bearden, Physiker, Excalibur Briefing, Tesla Book Company; 1988

Frank J. Tipler (Physik/Mathematik Cambridge) „Die Physik der Unsterblichkeit", Piper Verlag, München, 1994

Joachim Bauer, Warum ich fühle, Was du fühlst, Geheimnis der Spiegelneurone, Hoffmann und Campe, Freiburg, 2005,

Drunvalo Melchizedek, Blume des Lebens, Burgrain, KOHA Verlag, Burgrain, 1999, Band I und II

Über das Medium

Wolfgang Kremling wurde 1956 in Stuttgart geboren. Im Alter von 12 Jahren machte er erste hellsichtige Erfahrungen, indem er u.a. Todesereignisse bei Menschen vorhersehen konnte. Die Fähigkeiten erweiterten sich ständig, hinzu kamen luzide Träume und paranormale Phänomene in seinem Umfeld. Dies veranlasste ihn sich intensiv mit der Thematik der Metaphysik und der eigenen Medialität und Hellsichtigkeit zu beschäftigen. Anfang der dreißig begann er sein Potential als Medium in England weiterzuentwickeln und durchlief dort die traditionelle Ausbildung in Psychometrie. Seither arbeitet er als Medium, Channel-Medium, Consultant, Seminarleiter und Lehrer im deutschsprachigen Raum.

Mediale, hellsichtige Beratung
Mediales, hellsichtiges Training
Seminare, Mediales, hellsichtiges Stellen
(Energiefeldarbeit)

Was ist hellsichtiges Stellen?

Durch mediales, hellsichtiges Arbeiten „Stellen“ des Lebensfeldes und des Lebensumfeldes, werden darin liegende Zusammenhänge aufgezeigt, die alle Lebenssituationen bewusst und unbewusst beeinflussen. Ziel ist es, über die höhere Geistebene, Zusammenhänge und Blockaden zu erkennen. Diese werden geordnet, damit Sie Ihren Platz im System des Lebens (Familien, Arbeit usw.) enger, im Einklang mit der kosmischen Ordnung, einnehmen können.

Das Stellen findet hellsichtig, in Energiefeldern, auf geistiger Ebene, ohne Stellvertreter statt.

1. Energiefeldanalyse, Zielsetzung

Vor dem „Stellen“ wird gemeinsam die Zielsetzung fixiert und das Lebenssystem (Lebensumfeld, Lebenssituation) erörtert (mündlich und schriftlich). Dieser Arbeitsprozess ermöglicht, hellsichtig erste Lebenshemmnisse (Störungen und Verstrickungen) wahrzunehmen. Daraus resultieren häufig erste Lösungsansätze. Relevante Aspekte werden in einzelne Energiezonen (Personen, Ereignisse usw.) gesplittet.

2. Stellen der Energiezonen im Energiefeld

Auf dem großflächigen Energielebensfeld werden die Energiezonen über den Klienten aufgestellt. Daraus entwickeln sich hellsichtig wahrnehmbare Projektionen (feine Verbindungsfäden zwischen den Energiezonen). Die Energiezonen stehen miteinander offen und verdeckt in Verbindung. Die Informa-tionen verdichten sich über dieses Stellen.

3. Hellsichtige, mediale Arbeit

Ich betrete das Energiefeld und begehe jede Energiezone entlang der Verbindungsfäden und erhalte weitere Informationen über Verstrickungen, Störungen der jeweiligen Zone (Personen, Ereignisse usw.) und damit in Verbindung stehender, anderer, Energiezonen. Bei Bedarf (unterbrochene Energiekanäle) werden weitere Energiezonen hinzugefügt, um bestmögliche Einsicht in das Lebensfeld zu erhalten. Die Informationen fließen verbal (medial) an den Klienten und werden skizziert.

4. Ordnungsmomente

Entsprechend der im Energiefeld gezeigten kosmischen Ordnung (ergänzende Energiefäden) werden vor und mit dem Klienten die Energiezonen aus ihrer Verwicklung heraus geordnet (entwirrt). Es ent-steht ein Ordnungsvorgang, der dem Klienten erklärt wird. Ungeordnete Felder werden entsprechend ihres Energieflusses im Energiefeld geordnet.

5. Lösungsarbeit

Der Klient wird hellsichtig an die Lösung der Unordnung zur Ordnung geführt. Dies geschieht indivi-duell über das aufgezeigte geistige Energiefeld und das gemeinsame Begehen (Klient mit Medium) des Energiefeldes.
Mentalarbeit, Auflösung von Glaubensmustern.
Die Lösung selbst findet auf und über die höhere, geistige *Ebene statt.

*Geistiges Energiefeld, morphogenetisches Feld, Biophotonenebene... .

6. Ergänzung

Eine spätere, individuelle Beratung bietet sich an, um das „Ergebnis" der Arbeit weiter zu verfolgen oder um zu einer evtl. weiteren Zielerfüllung beizutragen.

Kontakt

Wolfgang Kremling
Im Kappelfeld 15
70469 Stuttgart

0711 / 510 96 12
w.kremling@t-online.de

Über die Fragende

Dorothea J. May studierte Theaterwissenschaften und Germanistik in München, wechselte an Schauspielschulen in Hamburg und New York und arbeitete zunächst als Schauspielerin am Theater, später als Redakteurin und Moderatorin beim Fernsehen. Gleichzeitig beschäftigte sie sich mit den Tiefen menschlicher Abgründe (Schattenarbeit) und den Höhen der Geistigkeit (Spiritualität). Aus dieser Bewegung resultierten Energiearbeit, Trancearbeit, systemische Arbeit, Bewusstseins-und Mentaltraining etc. Heute arbeitet sie als Coach. Sie hat sich zur Aufgabe gemacht, Kindern, Jugendlichen und Erwachsenen zu helfen, sich selbst zu helfen und sie dabei zu begleiten.

Kontakt

Dorothea J. May
www.maybalance.eu
www.nowobalance.de
www.mayart.at
dorotheamay@web.de

Elisabeth von Samsonow
elisabethsamsonow@yahoo.de
www.pages.akbild.ac.at/anthropologie/samsonow.html

Maria Magdalena
www.multiversum.indir ☺

Publikationen Wolfgang Kremling

Worte der Lichtkraft

Die Worte der Lichtkraft führen den interessierten Leser an Aspekte höchst erreichbaren Schöpferbewusstseins heran. Die Lichtkraft spricht über:
Planetenreisen Bewusstsein Lastfreiheit Meisterschaft
Transformation Lebensaufgaben Sinn des Lebens u. v. m.
ARAMIS VERLAG, Stuttgart, 2004; ISBN 978-3-939590-02-6

Die göttliche Lichtstruktur,
Bewusstein verankert sich im Jetzt

Als Informationsstruktur göttlichen Bewusstseins ist die göttliche Lichtstruktur das geistige System, das mit allen körperlichen Systemen verbunden ist.
Das Buch mit Übungs- CD öffnet in einzigartiger Weise die Möglichkeit zu erkennen, selbst-bewusst Schöpfer zu sein.Betrachtung des Lebensweges Möglichkeit von Wegkorrekturen u. v. m.
ARAMIS VERLAG, Stuttgart, 2005; ISBN 987-3-939590-00-2

CD –Produktionen / Aramis Verlag, Stuttgart
(geführte Meditationen mit Musik und Text)

Heilung geschieht
ISBN 978-3-939590-10-1 14,90 €

Lichttaufe
ISBN 978-3-939590-07-1 14,90 €

Einkehr in die Stille ISBN
978-3-939590-24-8 14,90 €

Alle Produktionen erscheinen im Aramis Verlag, Im Kappelfeld 15, 70469 Stuttgart
Tel.: 0711 / 510 96 13 und können direkt über W. Kremling bestellt werden.

Co – Produktionen

Jan van Helsing
Wer hat Angst vor'm schwarzen Mann? Ama Deus Verlag
ISBN 3-9807106-5-3

Publikationen Dorothea J. May

Lila und Artur
Ein Zauberbuch für große und kleine Kinder

BoD Verlag, Norderstedt, 2008

ISBN 978-3-8370-1463-1, Paperback, 240 Seiten

kann direkt über Dorothea J. May bestellt werden

Tel:0043 2943 63 0 16 oder dorotheamay@web.de

Inhalt:

Lila und Artur

Ein Zauberbuch für kleine und große Kinder, für „Indigo" Kinder und Eltern und Großeltern von „neuen" Kindern.

Auf der Grundlage der neuesten Erkenntnisse und dem Wissen um die „neuen Kinder" (Indigo- und Kristallkinder) unterstützt es Kinder, Eltern und Großeltern die Potenziale ihrer Kinder und Enkel ernst zu nehmen, mit ihnen zu spielen, mutig neue Selbstbilder zu erschaffen und kreativ zu nutzen.

Artur Rutra Alil – der Verschwinde-Licht-Sicht-Meister und Reisebegleiter für kleine und große Kinder reist mit Liselotte Lampenschirm, alias Lila, in ***innere*** *und äußere Wunderwelten und platzt dann jedes Mal fast vor Freude! Träume, Zauberei, buntes Staunen und helle Begeisterung – alles ist wahr und alles ist Wirklichkeit. Und Lila, ein so ganz normales Mädchen, hat damit* *mächtig Spaß und jeder Tag birgt für sie so stets neue, immer wieder spannend-phantastische Abenteuer.*

Könnte es sein, dass wir unsere Kinder gar nicht kennen?
Könnte es sein, dass unsere Kinder viel mehr wissen, als wir Erwachsenen uns jemals träumen ließen?
Könnte es sein, dass wir sie nie befragt haben?
Könnte es sein, dass sie uns eine Welt zeigen könnten, die wir für ausgemachten Schwachsinn halten und die dennoch wirklich ist?
Könnte es sein, dass unsere Kinder unsere Meister sind?
Könnte es sein, dass sie uns lehren, wie wir Wirklichkeit erschaffen?
Könnte es sein, dass aus Träumen Wahrheit und Wirklichkeit wird?

***Liselotte Lampenschirm** ist ein Buch für **Erwachsene**, die die Hoffnung nie aufgegeben haben.Ein Buch für Erwachsene, die wirklich zuhören können, die ihre Kinder ernst nehmen und die sich vorstellen können, dass unsere Kinder unsere größte und wertvollste Ressource sind.*
***Liselotte Lampenschirm** ist ein Buch für **Kinder**, die sich erinnern und daran verzweifeln, dass ihnen die Erwachsenen nicht glauben.*
***Liselotte Lampenschirm** ist ein Buch,(das Erste von sieben), voller merkwürdiger, geheimnisvoller und erhellender Begegnungen und voller praktischer Tips für Kinder und Eltern.*
Ein Buch für Kinder und Erwachsene von (9) 12 – 90 ☺

HINWEIS

Demnächst erscheint:

Wolfgang Kremling   Dorothea J. May

LUZIFER
Aus Liebe zur Quelle
Gespräche mit Luzifer

Impressum

BoD Verlag, Norderstedt 2008
ISBN